Origami

D A N I E L P I C O N

Mit Originalmodellen von Nicolas Terry

© Genehmigte Sonderausgabe für Tandem Verlag GmbH
Birkenstraße 10
14469 Potsdam

Gesamtherstellung: Tandem Verlag GmbH, Potsdam

© MANGO Jeunesse, Paris
Titel der französischen Ausgabe: Origami

© Modelle von Nicolas Terry: S. 28-29, 32-33, 38-39, 40-41, 48-49, 54-55, 56-57, 66-67, 70-71, 72-73, 74-75, 76, 86, 88-89, 90-91, 94-95, 98-99, 100-101, 108-109, 112-113, 114-115, 116-117, 118-119, 126, 129, 130-131, 132-133, 134-135, 150-151.

Übersetzung aus dem Französischen: Ursula Fethke, Köln
Umschlaggestaltung: MWK, Köln

Alle Rechte vorbehalten

ISBN 978-3-8427-0226-4

Einleitung

Mit dem Begriff Origami bezeichnet man allgemein das Papierfalten. Im Lexikon wird er wie folgt definiert: „Die Kunst, aus Papier Figuren zu falten". Ursprünglich kommt Origami aus China und hat sich seit dem 3. Jh. v. Chr. zunächst vor allem im asiatischen Raum weiterentwickelt. Inzwischen wird die Kunst des Papierfaltens mit Begeisterung in der ganzen Welt betrieben. Dieses Phänomen verdankt sich mehreren Faktoren: preisgünstigem und ansprechendem Papier zum Falten, dem Engagement zahlreicher Faltkünstler und der Verbreitung des Origami über das Internet.

Zu Beginn war das schlichte Blatt Papier, das sich mit einigen geschickten Faltgängen in einen Vogel, eine Verpackung oder verschiedenste Tierfiguren verwandeln ließ. Heute kreieren Künstler verblüffende Papierskulpturen, die kaum noch etwas mit den stilisierten Modellen des ursprünglichen Origami gemein haben.

Es hat sicher jeder schon einmal ein Schiffchen oder einen Flieger aus Papier gebastelt, ohne sich darüber im Klaren zu sein, dass dies eigentlich Origamimodelle sind. Auch der Vogel genießt große Bekanntheit, allerdings weiß ihn kaum einer zu falten!

Dieses Buch macht Einsteiger mit den Grundlagen des Papierfaltens vertraut und bietet sich zugleich für Fortgeschrittene an, die hier Spiele aus ihren Kindertagen wiederentdecken.

Lassen Sie sich von den vielfältigen Modellen verzaubern, die mit wenigen Faltungen aus einem Blatt Papier entstehen!

Eigens für diesen Band hat sich der international renommierte Faltkünstler Nicolas Terry attraktive und einfach zu faltende Modelle ausgedacht.

Inhalt

Stufe

	Einleitung	S. 3
	Allgemeine Infos	S. 6
	Faltsymbole	S. 8
	Grundfaltungen	S. 10
•	Grundform 1	S. 14
•	Grundform 2	S. 16
•	Grundform 3	S. 18
•	Grundform 4	S. 20
•	Grundform 5	S. 22
••	Grundform 6	S. 24
•	Kranich	S. 26
•	Strauß	S. 28
•	Entchen	S. 30
•	Ente	S. 32
•	Spatz	S. 34
•	Schwan	S. 36
••	3D-Gans	S. 38
•	Gans im Flug	S. 40
•	Henne	S. 42
•	Küken	S. 44
•	Einfacher Papagei	S. 46
••	Sitzender Papagei	S. 48
•	Falke	S. 50
•	Eule	S. 52
•	Fledermaus	S. 54
•••	Katze	S. 56
•	Welpe	S. 58
•	Sitzender Hund	S. 60
•	Pudel	S. 62
•	Schweinchen	S. 64
••	Stier	S. 68
•••	Fuchs	S. 70
•••	Bär	S. 72
•••	Gazelle	S. 74

Stufo		
•••	Schafbock	S. 76
•••	Hund	S. 77
•	Maus	S. 78
•	Kleiner Elefant	S. 80
•	Großer Elefant	S. 82
••	Dinosaurier	S. 84
•••	Tyrannosaurus	S. 86
•••	Velociraptor	S. 90
•	Schlange	S. 92
•	Springfrosch	S. 96
•••	Kröte	S. 98
•	Pinguin	S. 100
•	Robbe und Walross	S. 102
••	Fisch	S. 104
•	Kleiner Fisch	S. 106
••	Piranha	S. 108
••	Rochen	S. 110
•••	Hai	S. 114
•	Schmetterling	S. 116
••	Blume	S. 120
•••	Iris	S. 122
•	Tütchen	S. 124
•	Becher	S. 125
•	Fingerpuppen	S. 126
•	Wichtel	S. 130
•••	Gespenst	S. 132
•	Vogel	S. 136
•	Wasserbombe	S. 138
•	Flugzeug	S. 140
•	Flieger	S. 142
•	Segelboot	S. 144
•	Schlepper	S. 146
•	Fischerboot	S. 148
•	Großes Schiff	S. 150
	Nützliche Websites	S. 152

Allgemeine Infos

Das Papier

Büropapier
Am gebräuchlichsten ist weißes oder getöntes Kopier- oder Druckerpapier. Es empfiehlt sich eine Grammatur von höchstens 80 g/m². Im Handel sind verschiedene Farbabstufungen erhältlich.

Packpapier (Kraftpapier)
Es eignet sich sehr gut für Origami und ist in verschiedenen Stärken erhältlich. Entscheiden Sie sich für eine möglichst dünne Sorte. Angeboten wird auch Packpapier mit einer farbigen Seite.

Plakatpapier
Dieses Papier besitzt lebhafte Farben und eine matte Rückseite. Man sollte es jedoch nur für einfache Modelle verwenden, die ohne dicke Falze auskommen.

Geschenkpapier
Es bietet den großen Vorzug, dass es in abwechslungsreichen Mustern erhältlich ist. Die Rückseite ist manchmal auch weiß. In einer Qualität, die Packpapier vergleichbar ist, eignet sich Geschenkpapier für zahlreiche Modelle.

Buchbinderpapier
Es handelt sich um besonders schönes Papier, das sich in dünnen Stärken gut für Origami eignet. Allerdings kommt es nicht für Modelle mit mehreren Faltlagen infrage.

Tipp:
Verzichten Sie auf allzu bunte Muster, die nicht zu den reinen Formen des Origami passen.

Das Format

Als Grundformat für den Einsteiger bietet sich Papier mit den Maßen 21 x 21 cm an. Dieses Format lässt sich mühelos aus einem Blatt Büropapier zuschneiden. Die meisten Modelle in diesem Buch wurden aus Papier in diesem Grundformat gefaltet.
Aus einem A3-Blatt entstehen dagegen sehr nützliche Blätter im Format 29,7 x 23,7 cm, die sich besonders leicht falten lassen. Sie ergeben außerdem Modelle mit angenehmen Größenverhältnissen.
Das in diesem Band enthaltene Origamipapier eignet sich für sehr einfache Modelle, jedoch nicht für Figuren mit mehreren Faltlagen.
Die komplexeren der hier vorgestellten Modelle wurden aus Papier im Format 23,7 x 29,7 cm gefaltet. Je nach Geschick und Papiersorte kann man aber durchaus auch ein kleineres Format wählen.

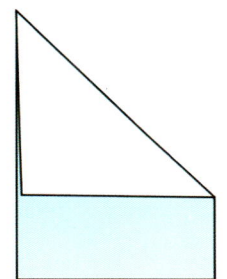

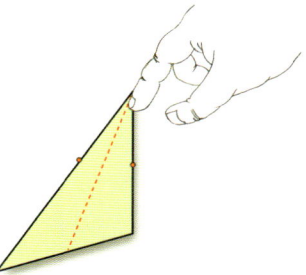

Das Falten

Arbeiten Sie stets auf einer ebenen Oberfläche. Verwenden Sie große Sorgfalt auf das Falten, denn nur dann können formvollendete Modelle entstehen. Vor allem Spitzen, die sich sehr häufig in Schnäbel, Ohren oder Pfoten verwandeln, müssen sehr präzise gearbeitet werden. Beim Falten einer doppelten Papierlage legen Sie die Kanten aufeinander und achten darauf, dass die untere Lage nicht verrutscht. Wenn man das Modell für einige Stunden unter einem Gewicht lagert, erhalten die Falze große Festigkeit.
Der Schwierigkeitsgrad ist bei jedem Modell unter dem Stichwort „Stufe" angegeben.

Faltsymbole

Sie sind sehr wichtig. Achten Sie auf das Einhalten der richtigen Reihenfolge.

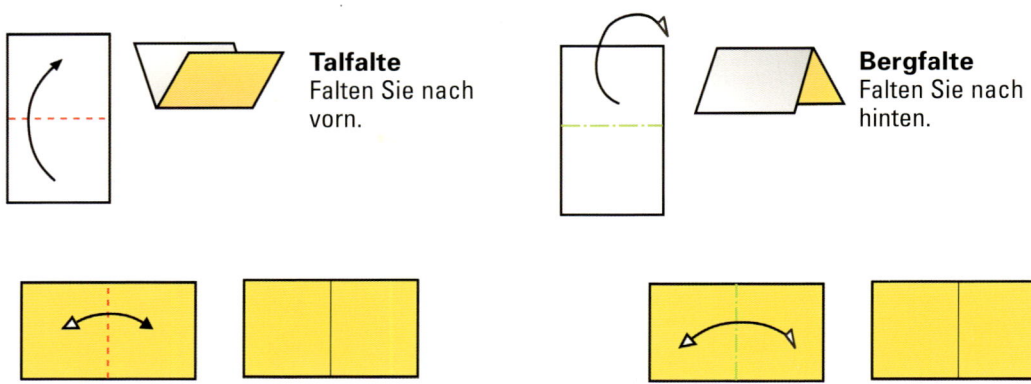

Talfalte
Falten Sie nach vorn.

Bergfalte
Falten Sie nach hinten.

Talfalz

Einen Falz ausführen
Sie falten und öffnen dann wieder.
Der feine Strich _____ steht für den Falz.

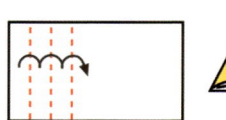

Bergfalz

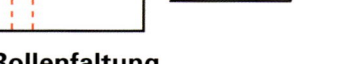

Ziehharmonikafaltung

Rollenfaltung
Beim Falten rollen Sie das Papier auf.

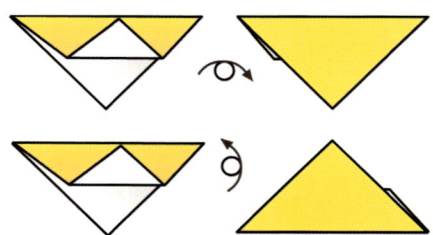

Wenden Sie das Modell.

 **Einfache Zickzackfaltung**

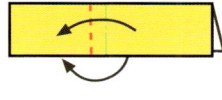 **Doppelte Zickzackfaltung**

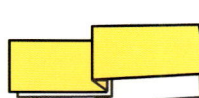

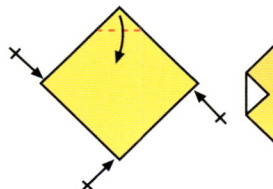 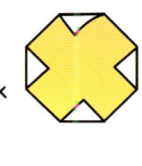

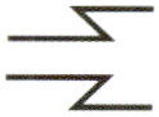

Am **Anhaltspunkt** kommen zwei Kanten oder Ecken aufeinander zu liegen.

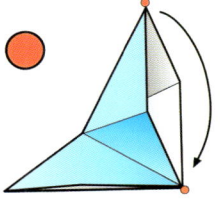

Wiederholen Sie den Schritt so oft, wie der Pfeil Querstriche hat.

 Vorn wiederholen.  Hinten wiederholen.

Im rechten Winkel falten
Um im rechten Winkel zu falten, wird einfach Kante auf Kante gefaltet.

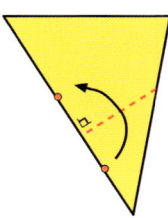

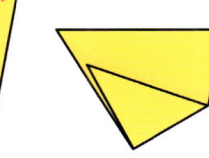 

 Vergrößerte Darstellung.

 Verkleinerte Darstellung.

 Auseinanderschieben, öffnen.

 Farbe vorn

Unipapier

 Farbe hinten

 Aufblasen.

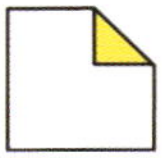

AUFGEPASST
Die Erläuterungen arbeiten häufig mit zweifarbigem Papier („Duopapier"), damit man Vorder- und Rückseite gut voneinander unterscheiden kann.

9

Grundfaltungen

Gegenbruchfalte nach innen

1 Nach vorn falten und öffnen.

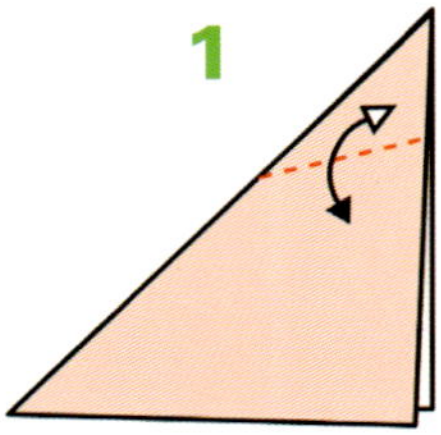

2 Nach hinten falten und öffnen.

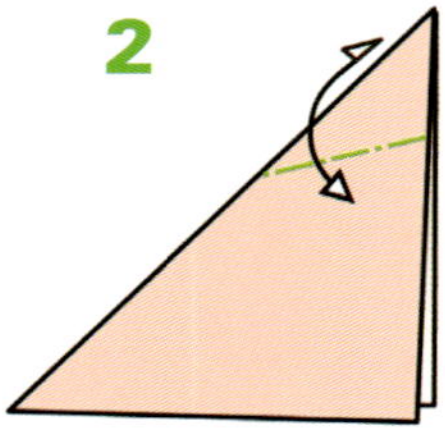

3 Schieben Sie beide Lagen leicht auseinander und stülpen Sie die Spitze nach unten und nach innen.

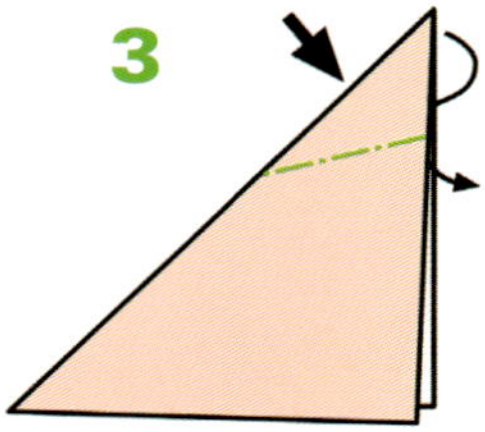

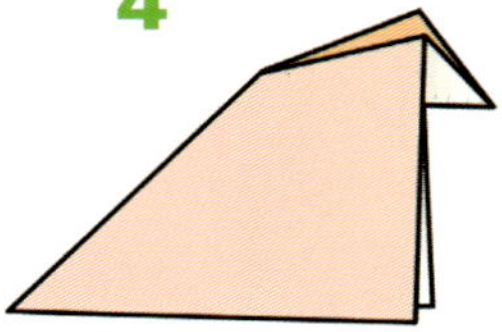

4

5

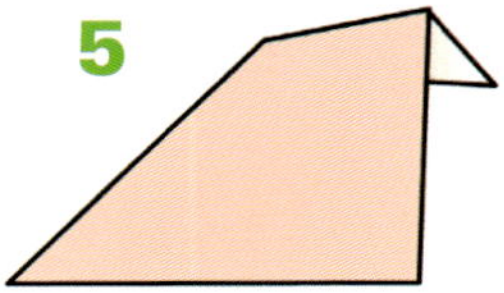

Gegenbruchfalte nach außen

1 Nach vorn falten und öffnen.

2 Nach hinten falten und öffnen.

3 Der Falz.

4 Öffnen Sie die Form und glätten Sie sie.

5 Anhand der Falze in Form ziehen.

6

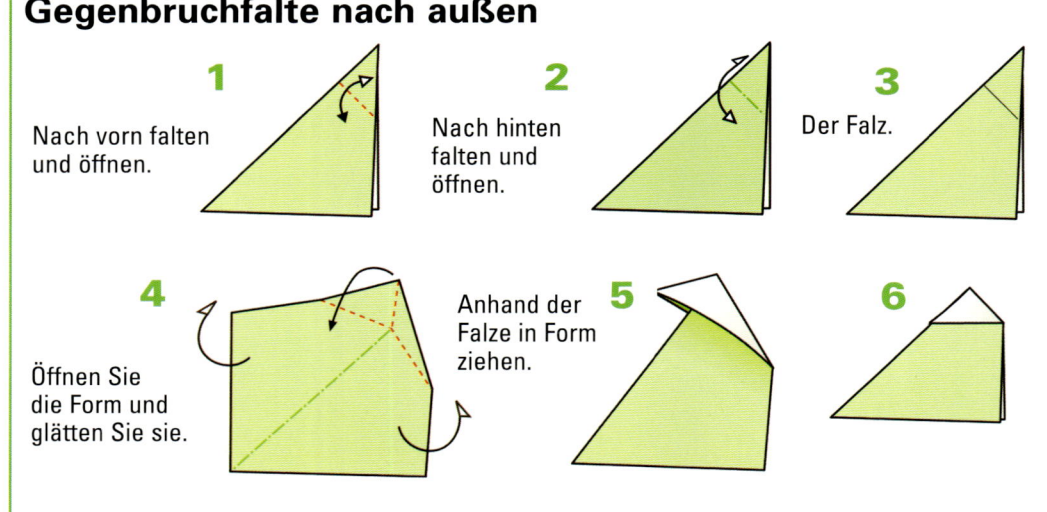

Pressfaltung

1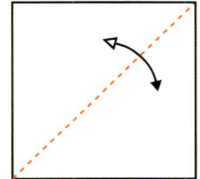
In der Diagonalen falten.

2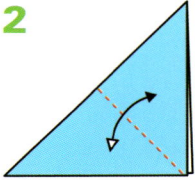
Falten und öffnen.

3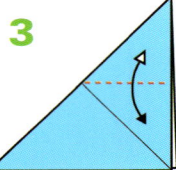
Falten und öffnen.

4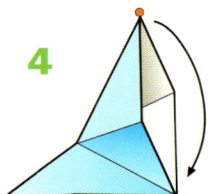
Falten Sie die beiden roten Punkte aufeinander.

5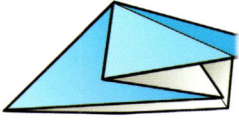
Glätten Sie die Form.

6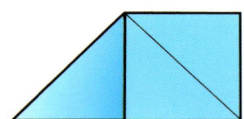

Blütenfaltung

Dieser Faltgang erweitert die oben beschriebene Pressfaltung.

1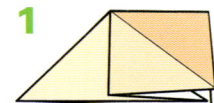
Führen Sie eine Pressfaltung aus.

2
Falten Sie die Kanten zur Mitte.

3
So sieht die Form aus.

4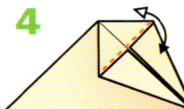
Falten und öffnen. Hilfreich: ein Lineal und ein spitzer Gegenstand.

5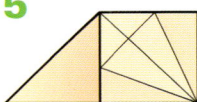
Machen Sie Schritt 4 rückgängig.

6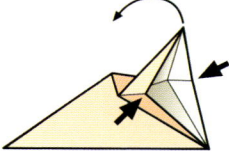

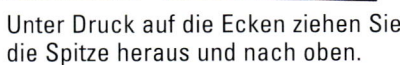
Unter Druck auf die Ecken ziehen Sie die Spitze heraus und nach oben.

7

Grundfaltungen

Hasenohrfaltung

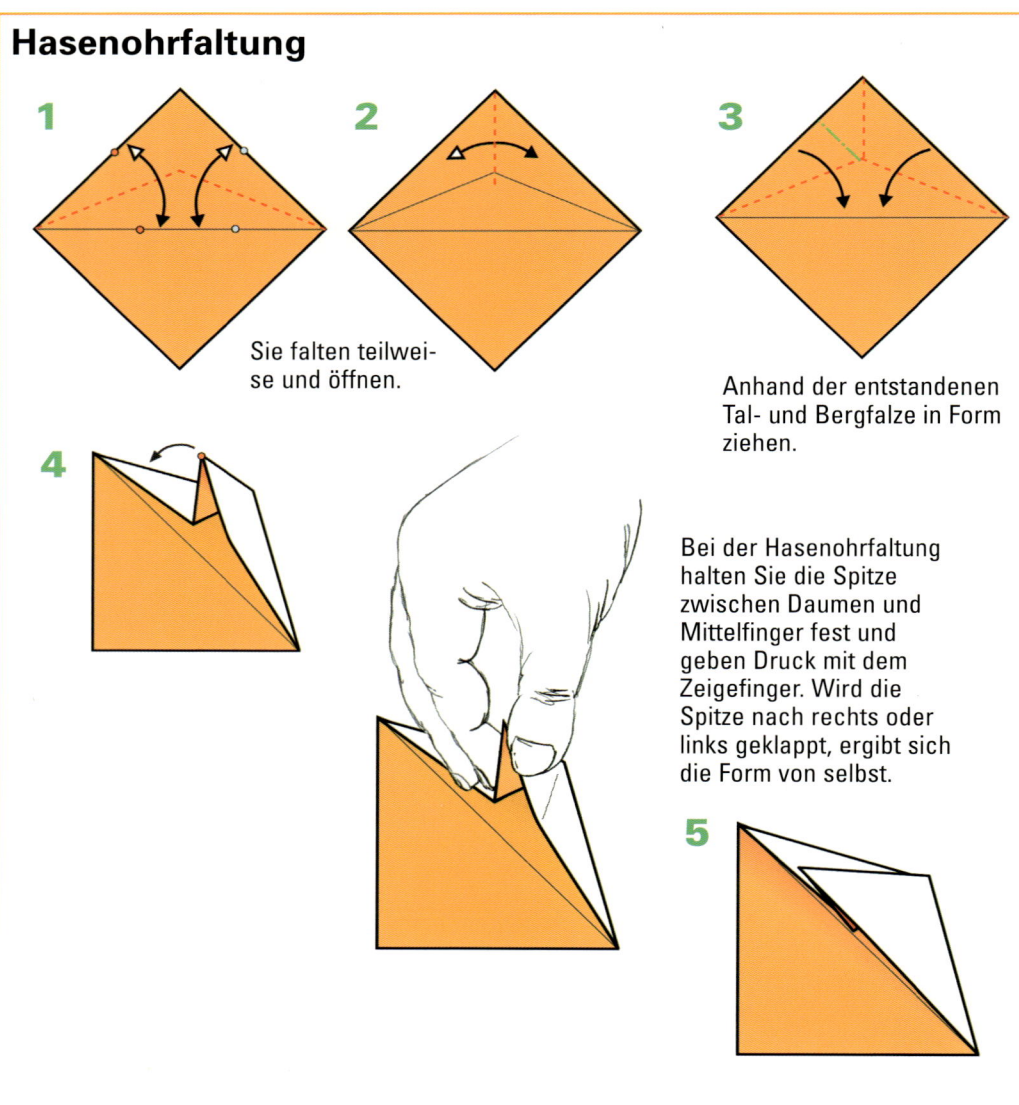

1

2
Sie falten teilweise und öffnen.

3
Anhand der entstandenen Tal- und Bergfalze in Form ziehen.

4

Bei der Hasenohrfaltung halten Sie die Spitze zwischen Daumen und Mittelfinger fest und geben Druck mit dem Zeigefinger. Wird die Spitze nach rechts oder links geklappt, ergibt sich die Form von selbst.

5

Stülpfaltung

1

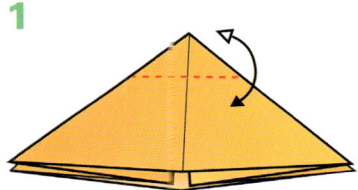

Erstellen Sie **Grundform 2 (Wasserbomben-Grundform)** von S. 16. Sie falten und öffnen.

2

Öffnen Sie die Form.

3

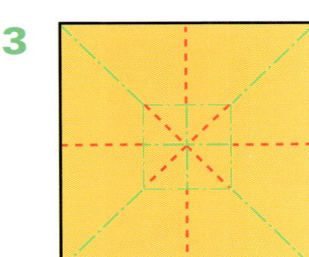

Anhand der Tal- und Bergfalze ziehen Sie die Figur in Form.

4

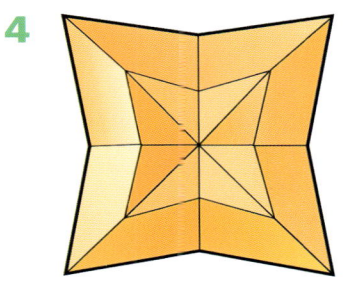

Drücken Sie die Mitte nach innen.

5

Grundform 1

Stufe

 **Papier: 15 x 15 cm und +
Duopapier**

Grundform 1 ist eine traditionelle Origamiform. Mit ihr entstehen folgende Modelle:

- Kranich   S. 26
- Strauß   S. 28
- Katze   S. 56
- Fuchs   S. 70
- Tyrannosaurus   S. 86
- Velociraptor   S. 90

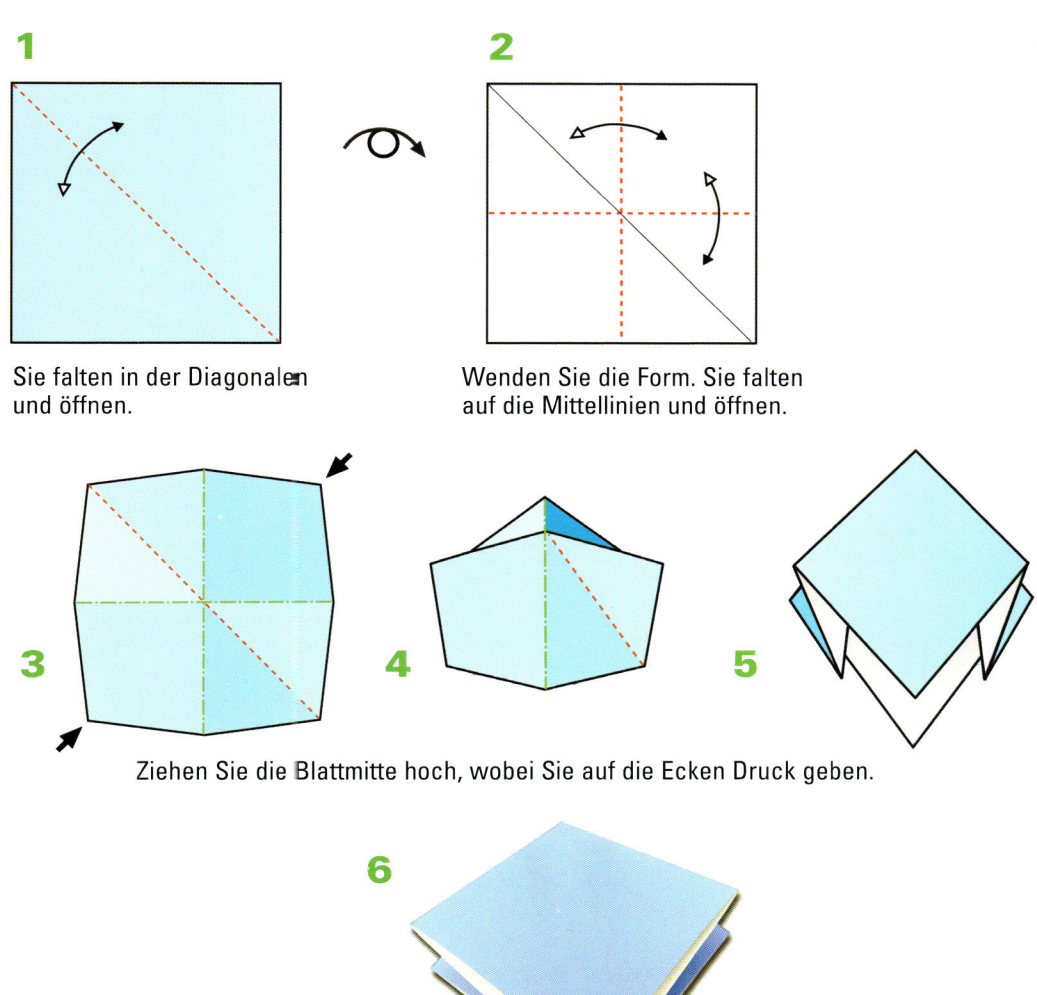

1 Sie falten in der Diagonalen und öffnen.

2 Wenden Sie die Form. Sie falten auf die Mittellinien und öffnen.

Ziehen Sie die Blattmitte hoch, wobei Sie auf die Ecken Druck geben.

Grundform 2

Stufe ▨☐☐☐☐

 Papier: 15 x 15 cm und + Duopapier

Grundform 2 wird auch Wasserbomben-Grundform genannt. Mit ihr entstehen folgende Modelle:

• Bär	S. 72
• Gazelle	S. 74
• Schafbock	S. 76
• Hund	S. 77
• Großer Elefant	S. 82
• Springfrosch	S. 96
• Kröte	S. 98
• Blumen	S. 120
• Wasserbombe	S. 138
• Flugzeug	S. 140

1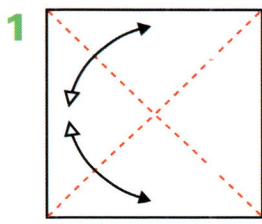

Falten Sie in beiden Diagonalen und öffnen Sie wieder.

2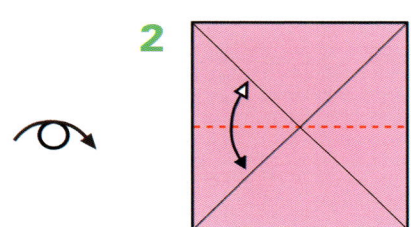

Wenden Sie die Form. Sie falten auf die Mittellinie und öffnen.

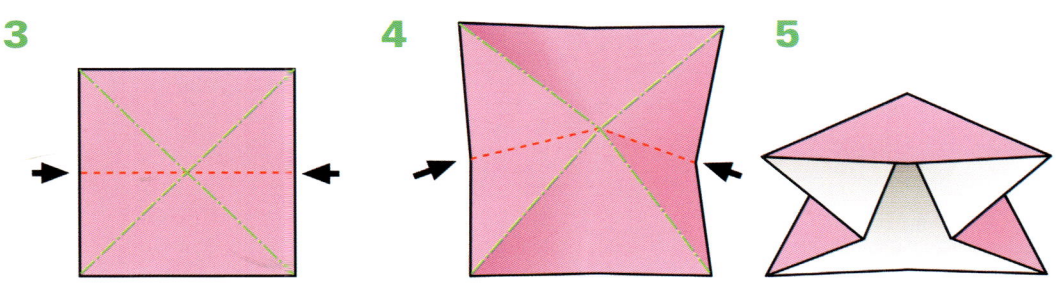

3 Unter Druck auf die Kanten ziehen Sie die Blattmitte hoch.

4, 5 Dabei ergibt sich automatisch diese Form.

6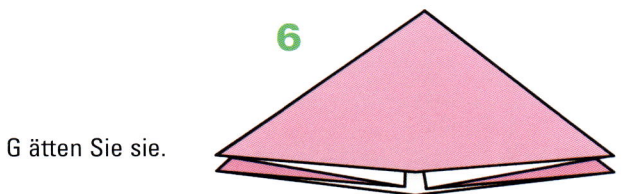

Glätten Sie sie.

Grundform 3

Stufe

 Papier: 15 x 15 cm und + Duopapier

Grundform 3 wird auch Fischform genannt und in diesem Buch sehr häufig verwendet. Mit ihr entstehen folgende Modelle:

• Spatz	S. 34
• Gans im Flug	S. 40
• Henne	S. 42
• Küken	S. 44
• Einfacher Papagei	S. 46
• Sitzender Papagei	S. 48
• Falke	S. 50
• Sitzender Hund	S. 60
• Stier	S. 68
• Dinosaurier	S. 84
• Robbe und Walross	S. 102
• Piranha	S. 108
• Rochen	S. 110

1 Falten und öffnen Sie.

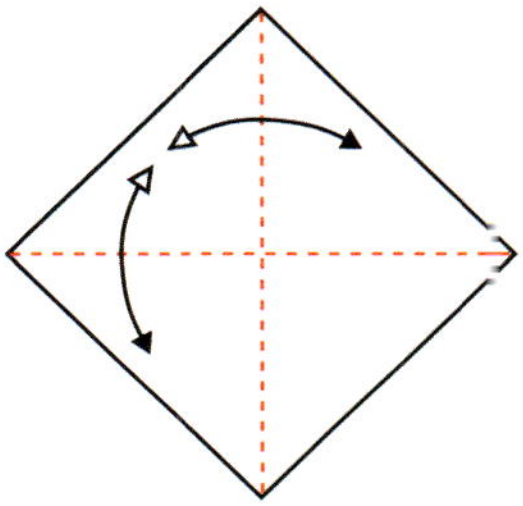

2 Falten Sie die oberen Kanten auf die Mittellinie und öffnen Sie.

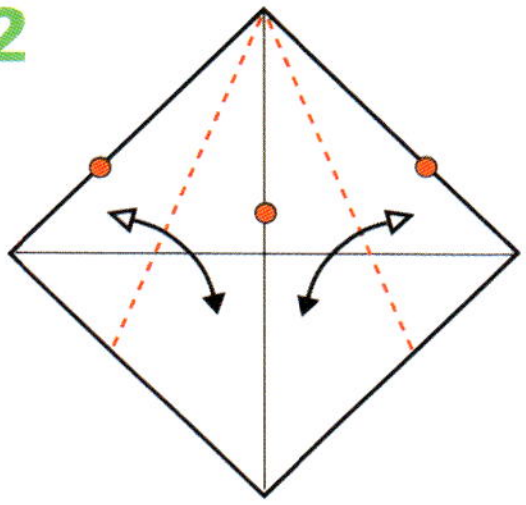

3 Mit den unteren Kanten verfährt man genauso.

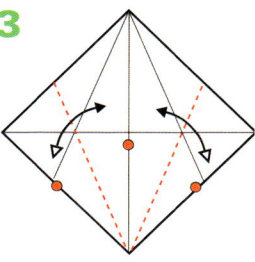

4 Führen Sie die Blattecken auf den Mittelfalz. Die Talfalten ergeben sich dabei von selbst. Dies ist die Hasenohrfaltung.

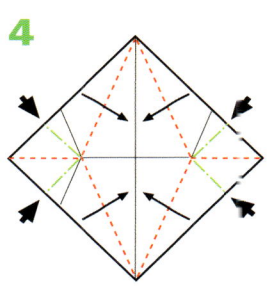

5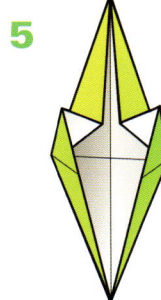

6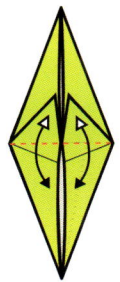

7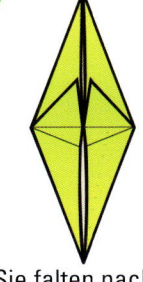

Sie falten nach unten und öffnen.

Variante

Diese Variante enthält eine zusätzliche Faltung

8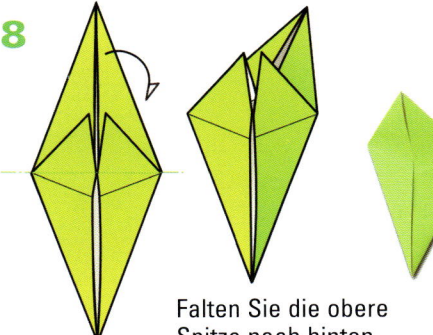

Falten Sie die obere Spitze nach hinten.

Grundform 4

Stufe

 Papier: 15 x 15 cm und + Duopapier

Grundform 4 wird auch Drachenform genannt. Mit ihr entstehen folgende Modelle:

- Entchen   S. 30
- Ente   S. 32
- Schwan   S. 36
- 3D-Gans   S. 38
- Welpen   S. 58
- Kleine Elefanten S. 80
- Schlangen   S. 92
- Fischerboote   S. 148

1

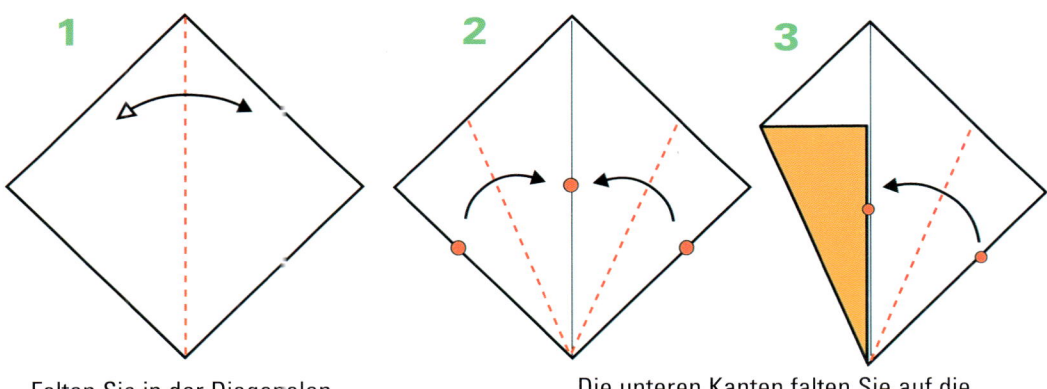

Falten Sie in der Diagonalen und öffnen Sie.

2

3

Die unteren Kanten falten Sie auf die Mittellinie.

4

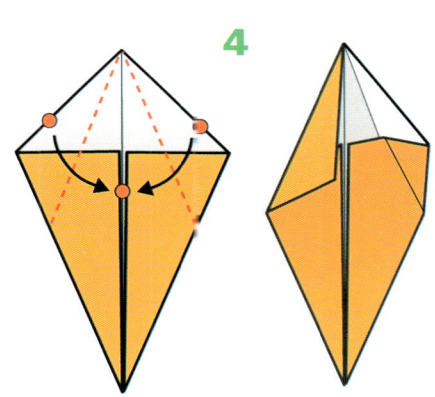

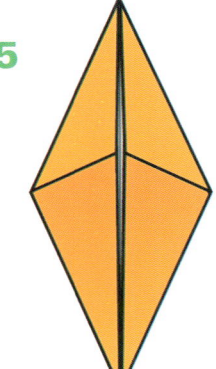

Falten Sie die oberen Kanten auf die Mittellinie.

5

Grundform 5

Stufe ■ ☐ ☐ ☐ ☐

 **Papier: 15 x 15 cm und +
Duopapier**

Grundform 5 wird auch Mühlenform genannt. Mit ihr entstehen folgende Modelle:

• Vogel   S. 136
• Schlepper   S. 146

1

Sie falten in beiden Diagonalen und öffnen.

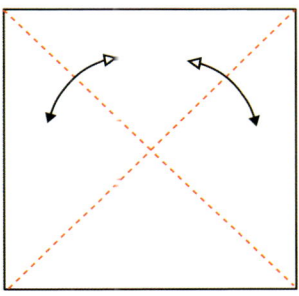

2

Sie falten auf beide Mittellinien und öffnen.

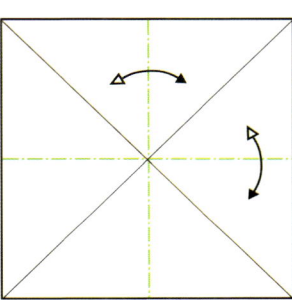

3

Die Ecken werden auf die Mitte gefaltet und geöffnet.

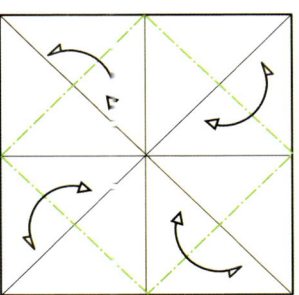

4

Die Kanten werden auf die Mitte gefaltet und geöffnet.

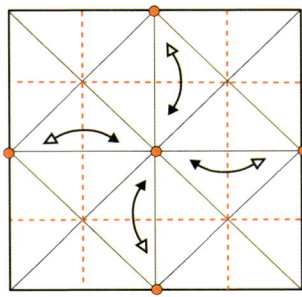

5

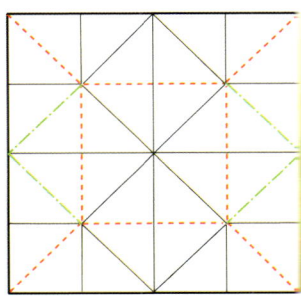

Sie ziehen das Papier anhand der entstandenen Falze in Form.

6

Glätten Sie noch die Spitzen.

Grundform 6

Stufe

 Papier: 21 x 21 cm und + Duopapier

Grundform 6 wird auch Froschform genannt und erfordert große Sorgfalt. Mit ihr entsteht folgendes Modell:

• Iris   S. 122

1

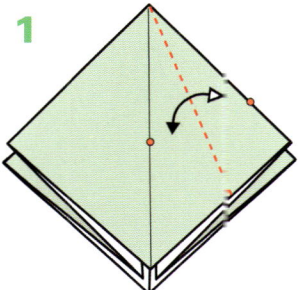

Sie führen **Grundform 1** aus, falten und öffnen wieder.

2

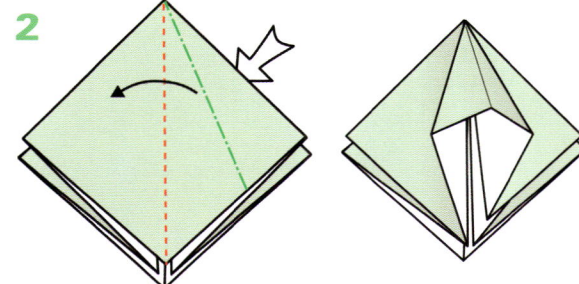

Anhand des Falzes führen Sie eine Pressfaltung aus.

3

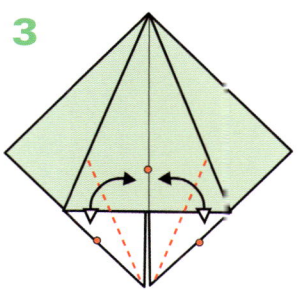

Sie falten und öffnen.

4

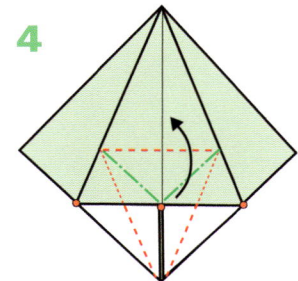

Anhand der Falze führen Sie eine Blütenfaltung aus.

5

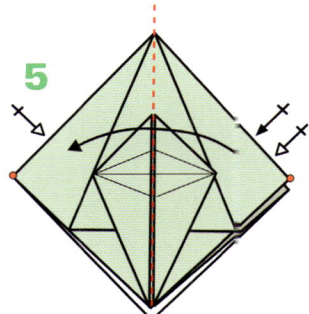

Klappen Sie den Flügel um und wiederholen Sie Schritt 1 bis 4 mit den anderen Flügeln.

6

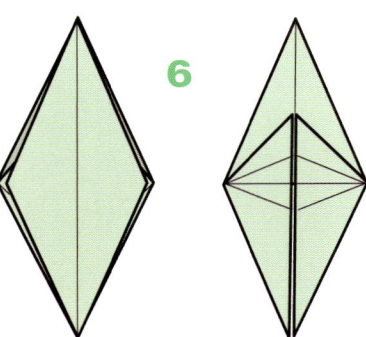

Das sieht man, wenn man die Flügel öffnet.

Kranich

Stufe ☐ ☐ ☐ ☐ ☐

 **Papier: 15 x 15 cm und +
Unipapier**

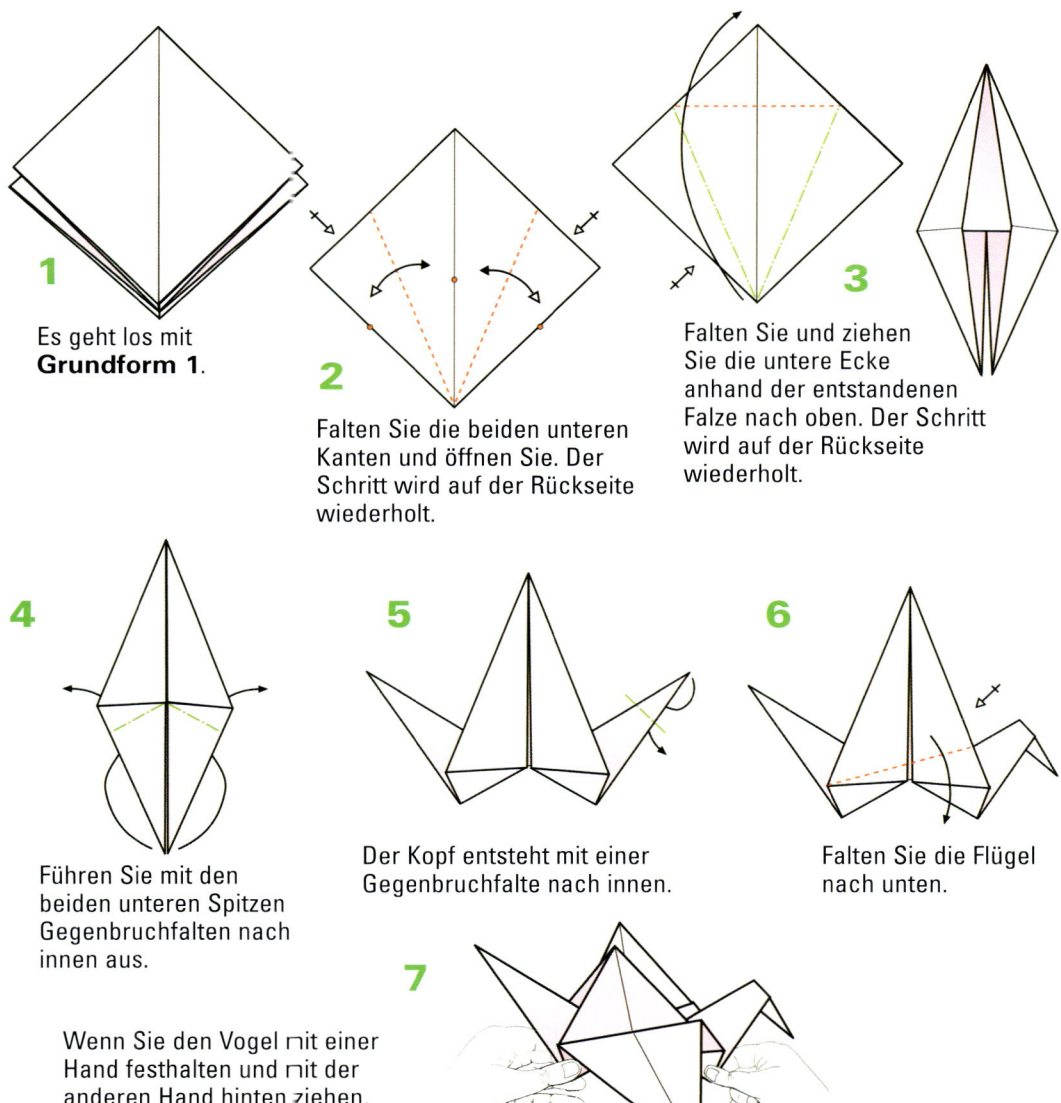

Strauß

Stufe ☐☐☐☐☐

Papier: 15 x 15 cm und + Unipapier

1

Erstellen Sie **Grundform 1**.

2

Falten und öffnen.

3

Es folgen Gegenbruchfalten nach innen. Wiederholen Sie Schritt 2 und 3 auf der Rückseite.

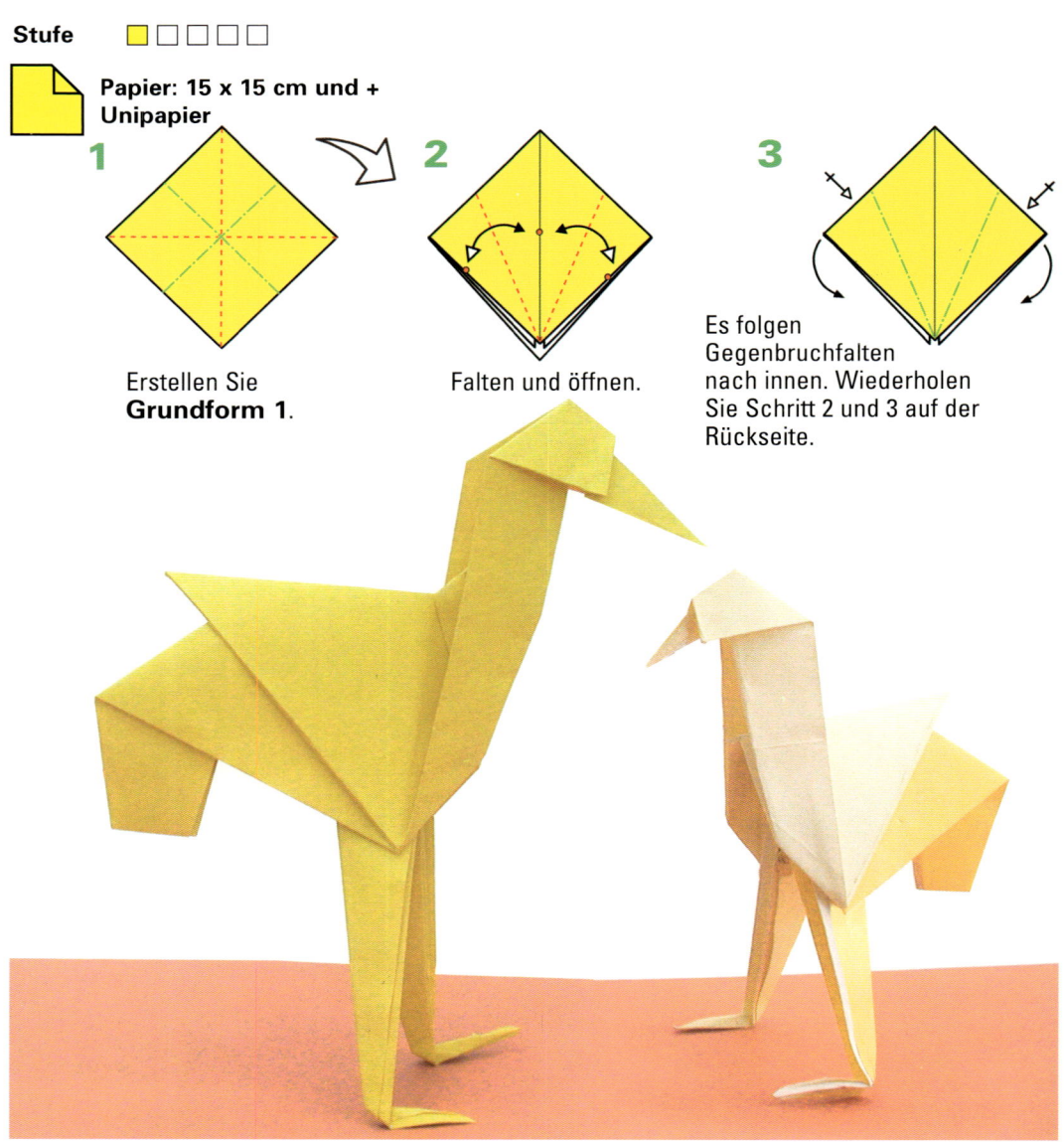

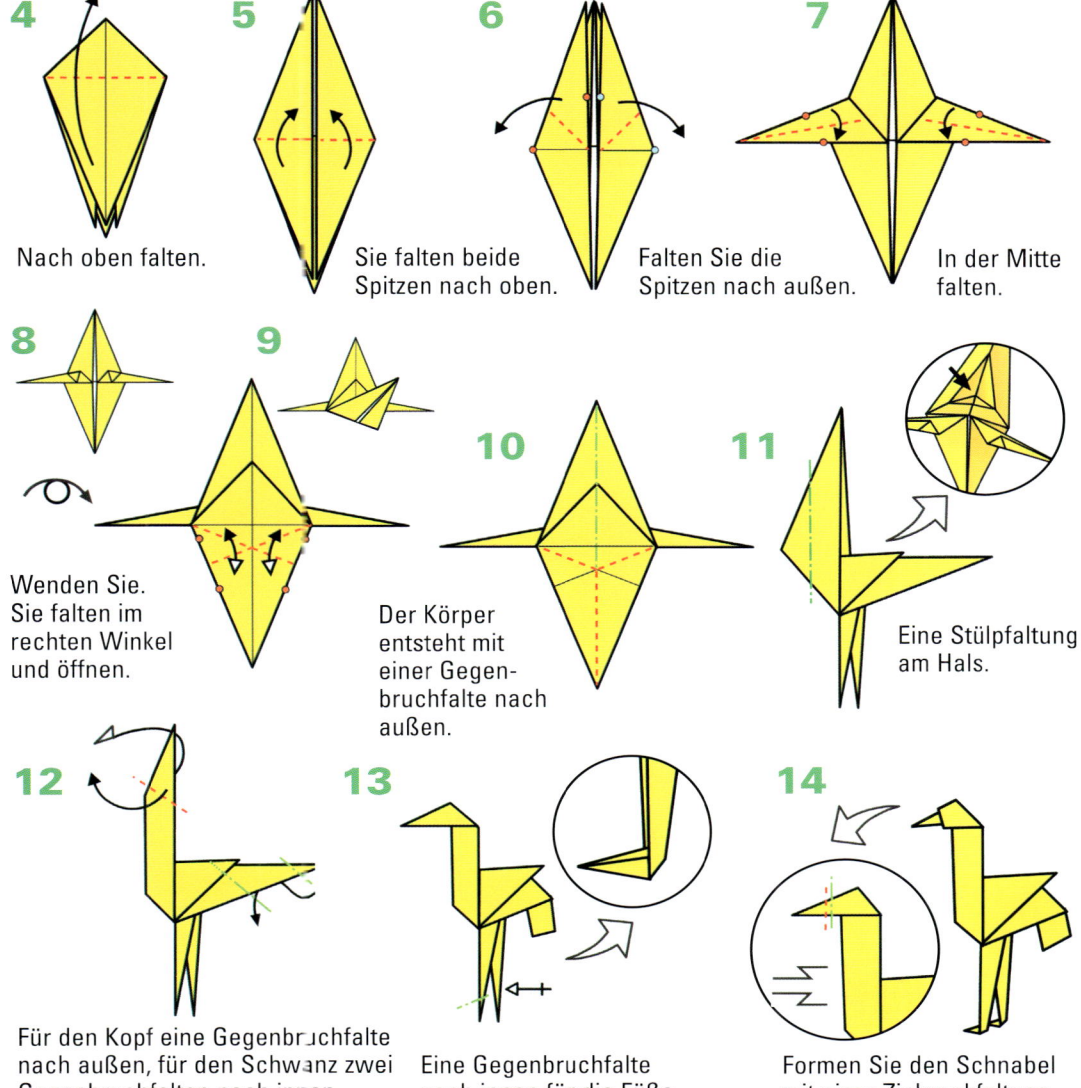

Entchen

Stufe

  Papier: 15 x 15 cm und + Duopapier

1
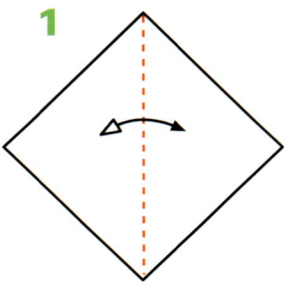

Sie falten und öffnen wieder.

2
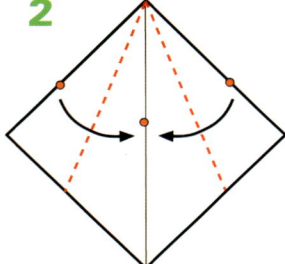

Falten Sie beide Kanten zur Mitte.

3 Falten Sie die Kanten.

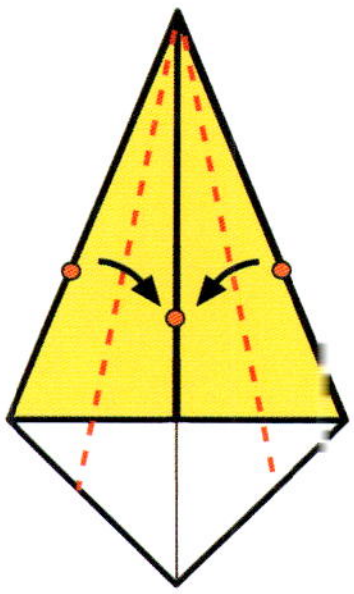

4 In der Mitte falten.

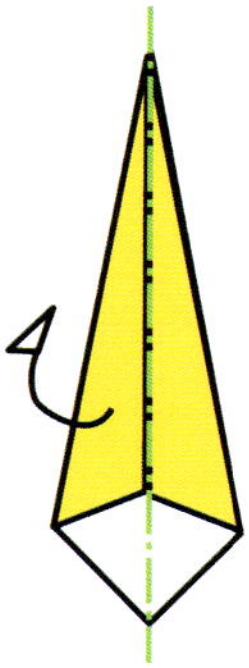

5 90° Drehen Sie die Form.

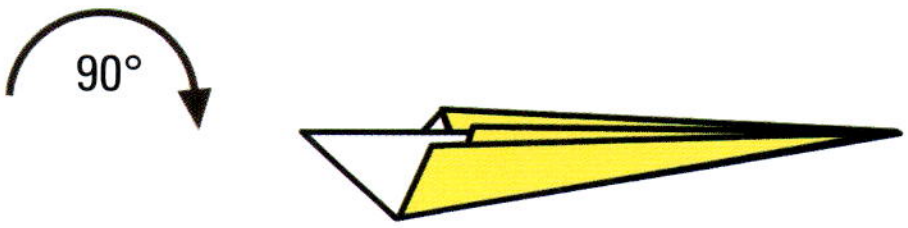

6 Führen Sie eine Gegenbruchfalte nach innen aus ...

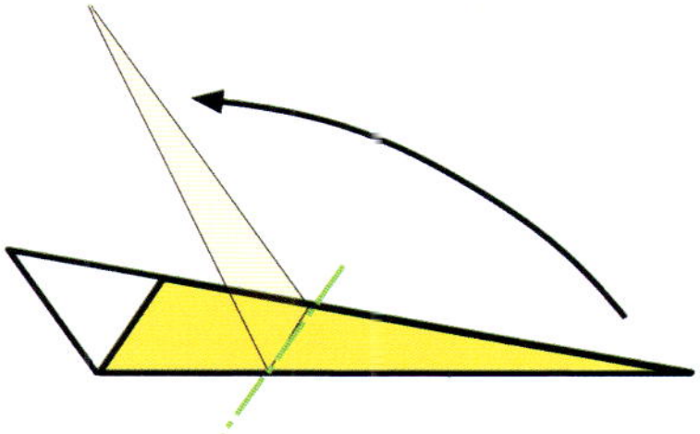

7 ... und eine zweite.

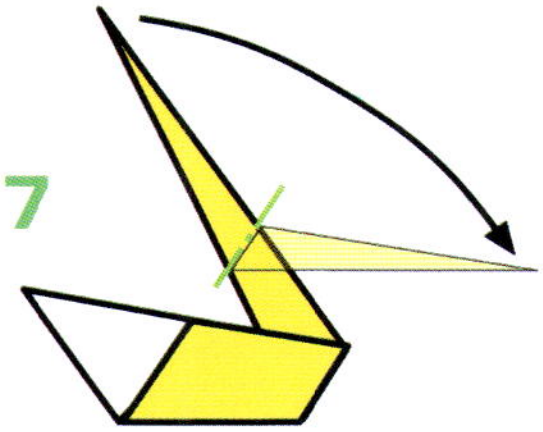

8 Eine doppelte Zickzackfaltung für Kopf und Schnabel.

9 Gegenbruchfalte nach innen für den Schwanz. Kürzen Sie den Schnabel.

10

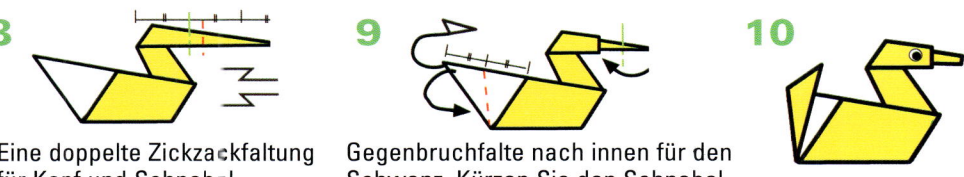

31

Ente

Stufe

**Papier: 15 x 15 cm und +
Unipapier**

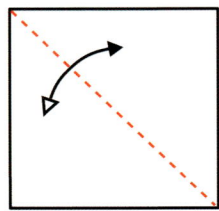

Sie falten in der Diagonalen und öffnen.

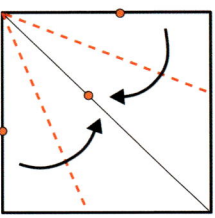

Falten Sie beide Kanten auf die Diagonale.

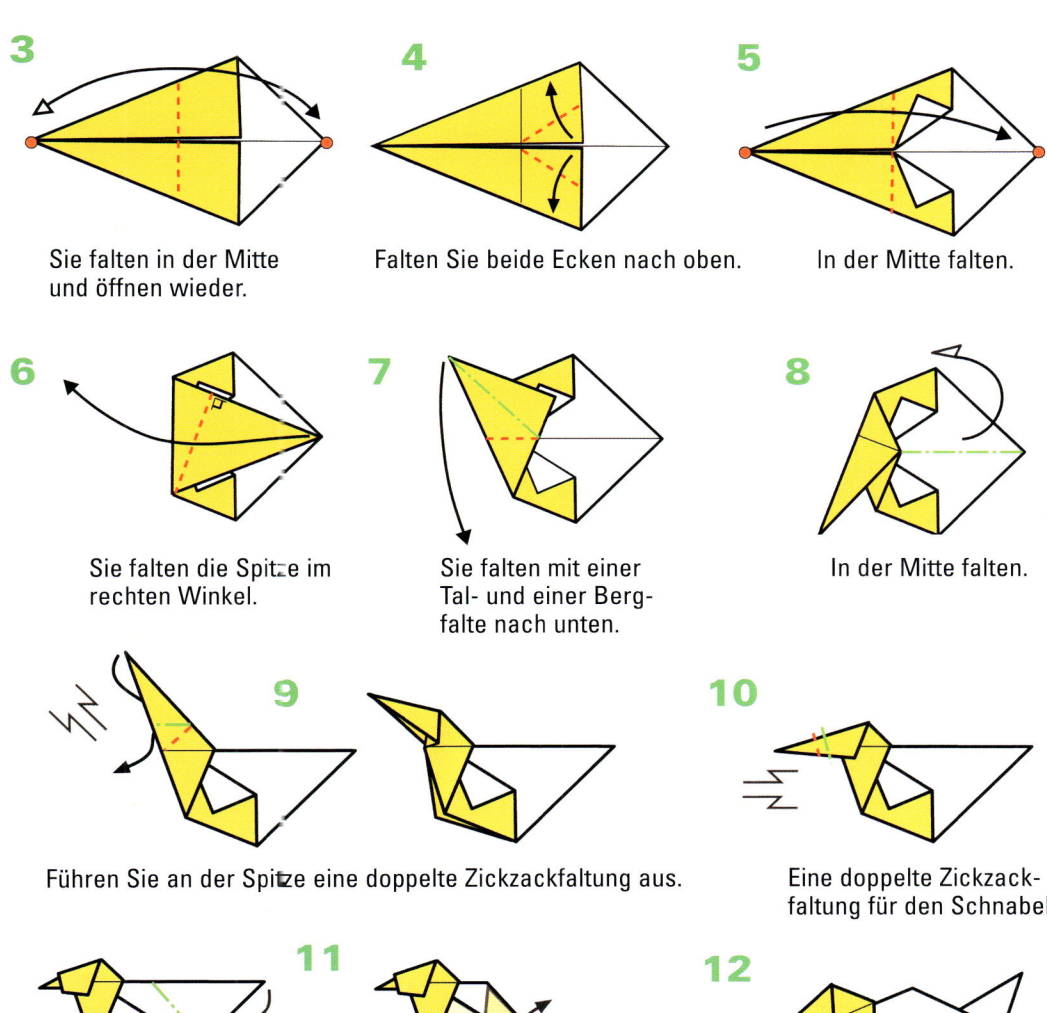

3 Sie falten in der Mitte und öffnen wieder.

4 Falten Sie beide Ecken nach oben.

5 In der Mitte falten.

6 Sie falten die Spitze im rechten Winkel.

7 Sie falten mit einer Tal- und einer Bergfalte nach unten.

8 In der Mitte falten.

9 Führen Sie an der Spitze eine doppelte Zickzackfaltung aus.

10 Eine doppelte Zickzackfaltung für den Schnabel.

11 Für das Schwänzchen verwenden Sie eine doppelte Gegenbruchfalte nach innen.

12

Spatz

Stufe ▪️☐☐☐☐

**Papier: 15 x 15 cm und +
Unipapier**

1

Falten Sie **Grundform 3 (Fischform)** in der Mitte.

2

Sie falten und öffnen wieder.

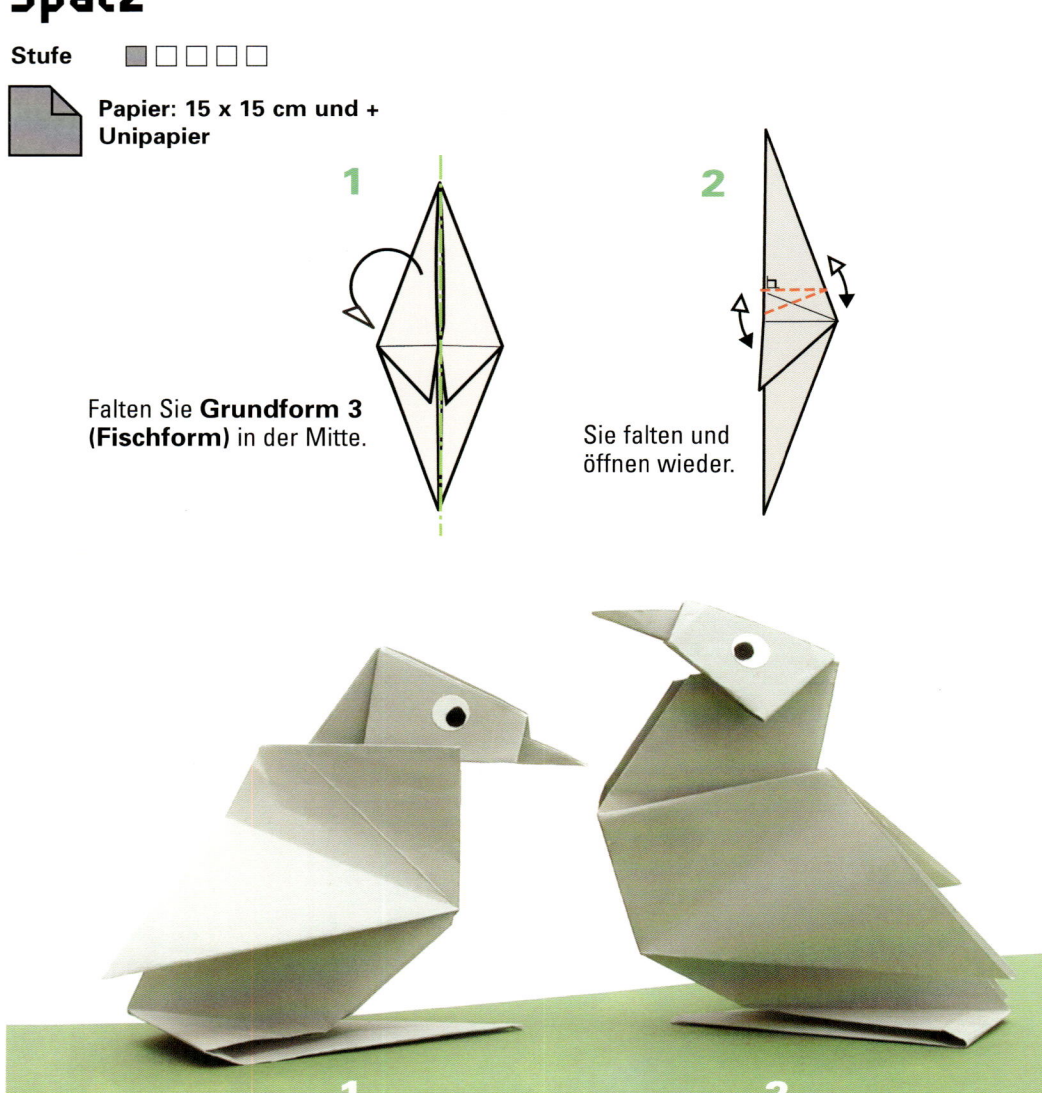

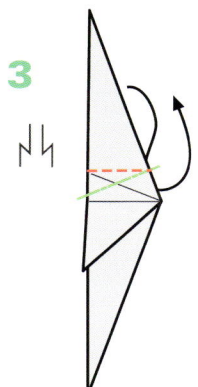

Führen Sie eine doppelte Gegenbruch-falte nach innen aus.

Falten und öffnen.

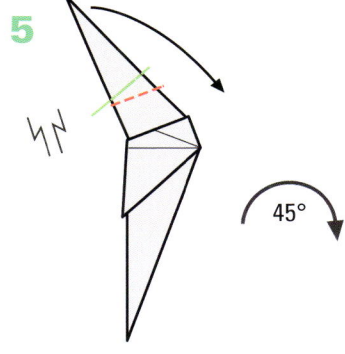

Sie führen eine doppelte Zickzack-faltung aus und drehen die Form.

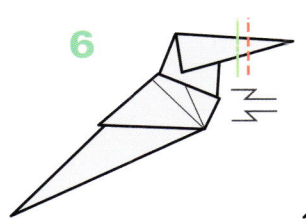

Gestalten Sie den Schnabel mit einer doppelten Zickzack-faltung.

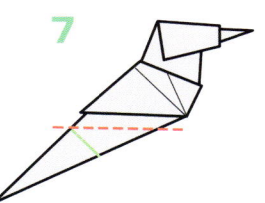

Sie falten parallel zur Flügelkante und öffnen. Anschließend folgt eine Pressfaltung.

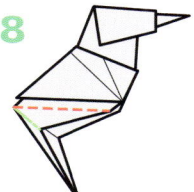

Mit einer Pressfaltung kommt die untere Spitze als Füße nach oben.

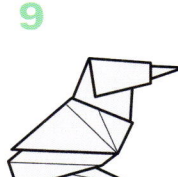

Schwan

Stufe ☐☐☐☐☐

**Papier: 15 x 15 cm und +
Uni- oder Duopapier**

1

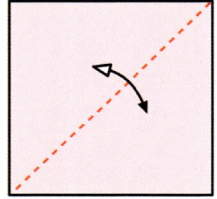

Sie falten in der Diagonalen und öffnen.

2

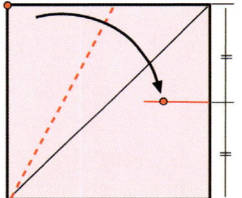
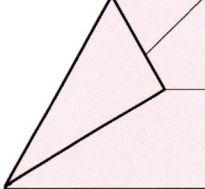

Sie markieren eine Kantenmitte und falten die gegenüberliegende Ecke darauf.

3

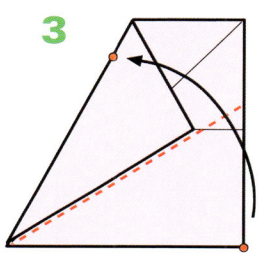

Wiederholen Sie den Schritt mit der gegenüberliegenden Ecke.

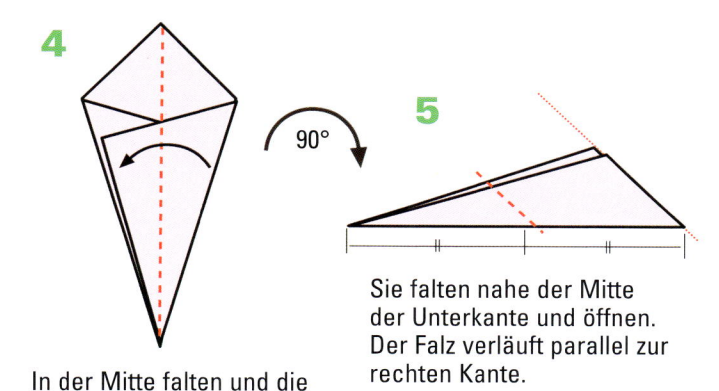

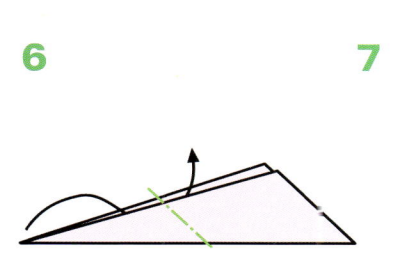

4

In der Mitte falten und die Form drehen.

5

Sie falten nahe der Mitte der Unterkante und öffnen. Der Falz verläuft parallel zur rechten Kante.

6

Führen Sie eine Gegenbruchfalte nach innen aus.

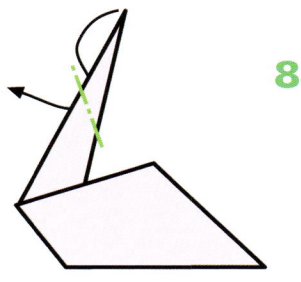

7

Gegenbruchfalte nach innen.

8

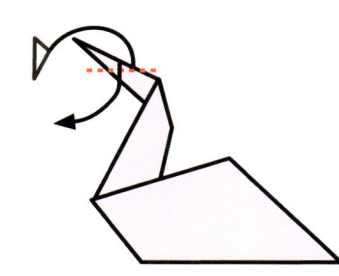

Der Kopf entsteht mit einer Gegenbruchfalte nach außen …

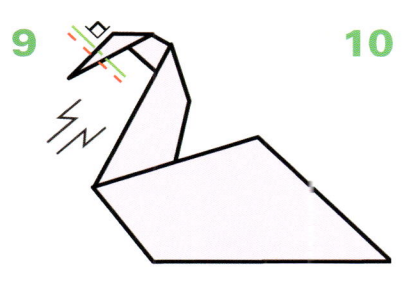

9

… der Schnabel mit einer doppelten Zickzackfaltung …

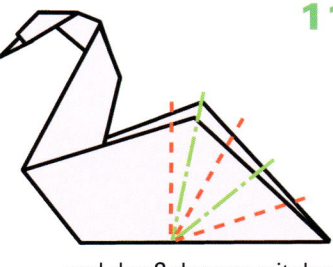

10

… und der Schwanz mit der Ziehharmonikafaltung.

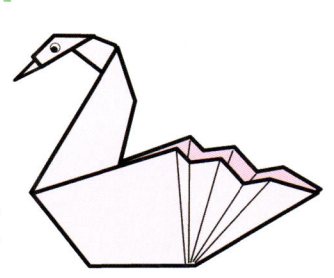

11

37

3D-Gans

Stufe ☐☐☐☐☐

Papier: 15 x 15 cm und + Unipapier

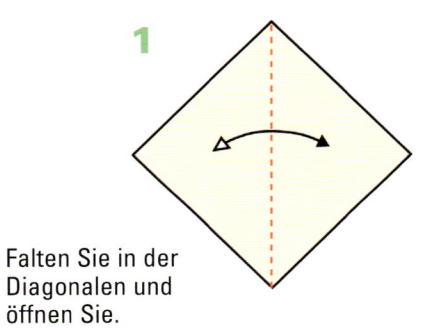

1

Falten Sie in der Diagonalen und öffnen Sie.

2

Legen Sie die Kanten aufeinander und falten Sie teilweise. Dann öffnen Sie wieder.

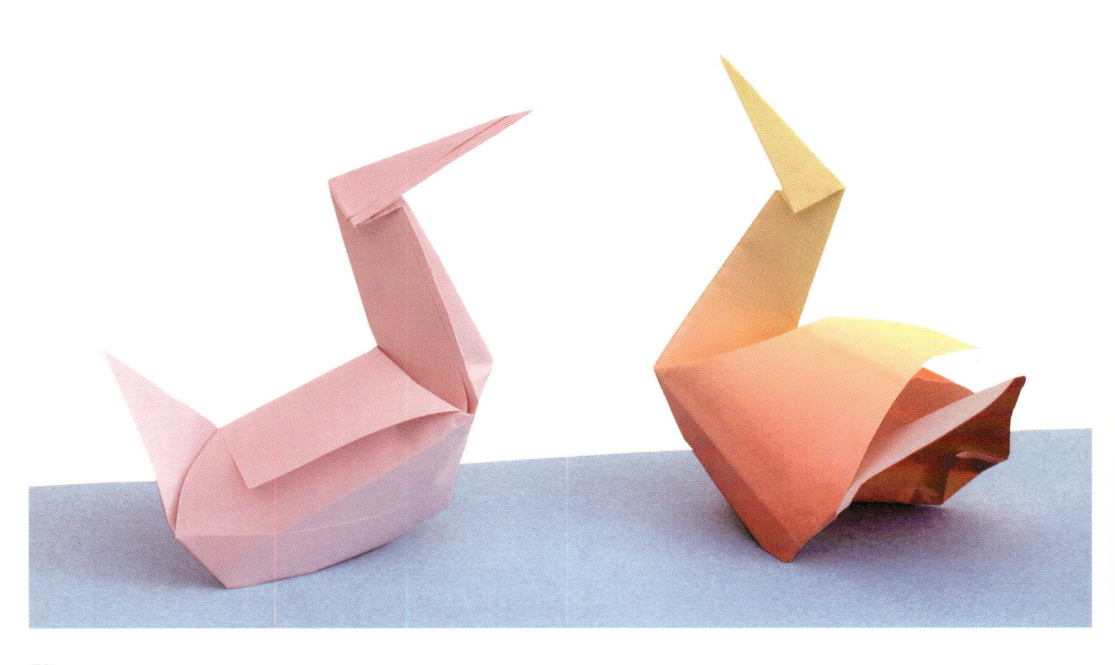

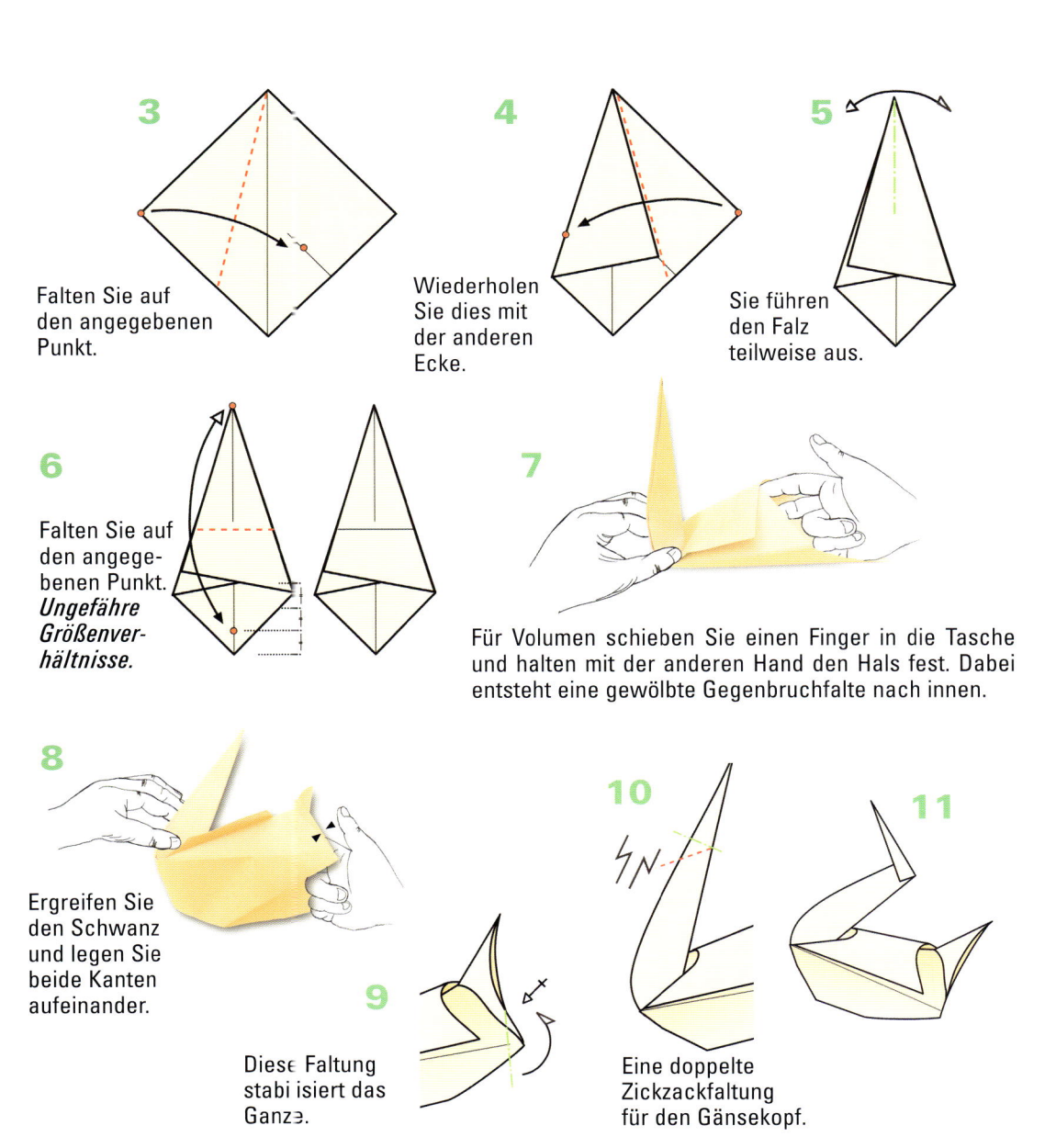

3

Falten Sie auf den angegebenen Punkt.

4

Wiederholen Sie dies mit der anderen Ecke.

5

Sie führen den Falz teilweise aus.

6

Falten Sie auf den angegebenen Punkt.
Ungefähre Größenverhältnisse.

7

Für Volumen schieben Sie einen Finger in die Tasche und halten mit der anderen Hand den Hals fest. Dabei entsteht eine gewölbte Gegenbruchfalte nach innen.

8

Ergreifen Sie den Schwanz und legen Sie beide Kanten aufeinander.

9

Diese Faltung stabilisiert das Ganze.

10

11

Eine doppelte Zickzackfaltung für den Gänsekopf.

39

Gans im Flug

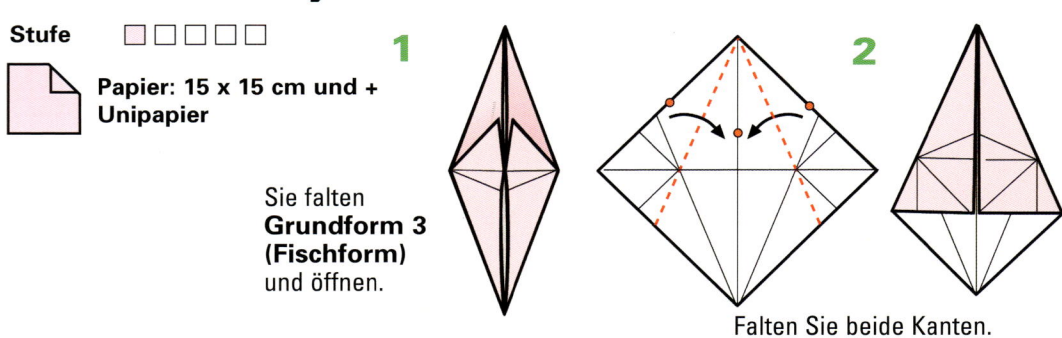

Stufe ☐☐☐☐☐

Papier: 15 x 15 cm und + Unipapier

1

Sie falten **Grundform 3 (Fischform)** und öffnen.

2

Falten Sie beide Kanten.

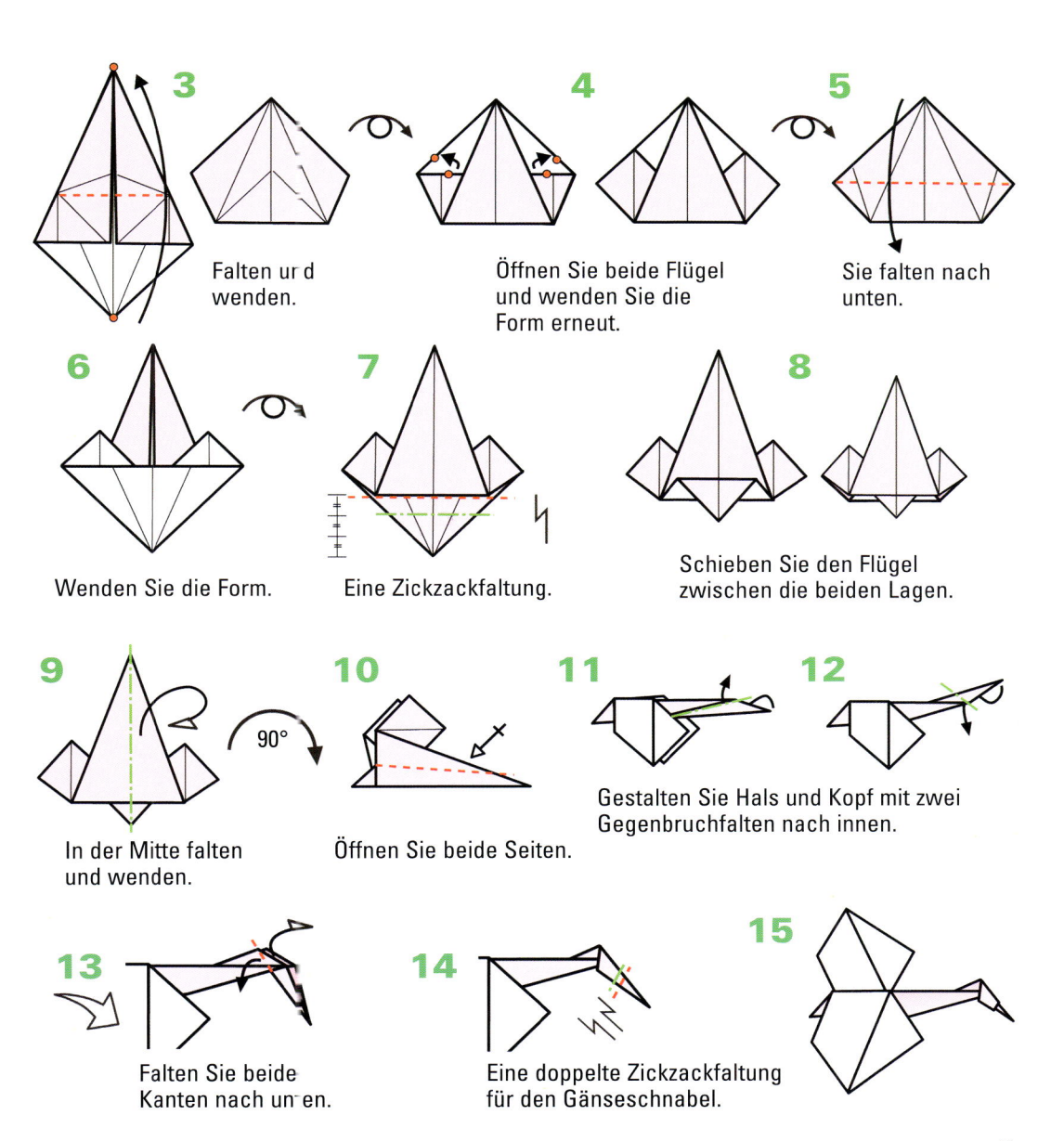

3

Falten und wenden.

4

Öffnen Sie beide Flügel und wenden Sie die Form erneut.

5

Sie falten nach unten.

6

Wenden Sie die Form.

7

Eine Zickzackfaltung.

8

Schieben Sie den Flügel zwischen die beiden Lagen.

9

In der Mitte falten und wenden.

10

90°

Öffnen Sie beide Seiten.

11

12

Gestalten Sie Hals und Kopf mit zwei Gegenbruchfalten nach innen.

13

Falten Sie beide Kanten nach unten.

14

Eine doppelte Zickzackfaltung für den Gänseschnabel.

15

41

Henne

Stufe ■ □ □ □ □

Papier: 15 x 15 cm und +
Unipapier

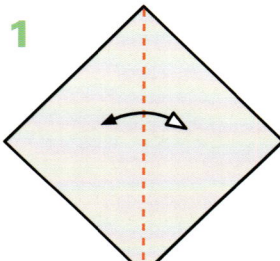

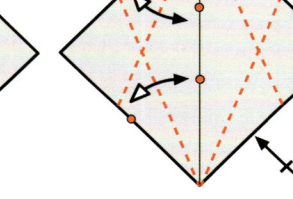

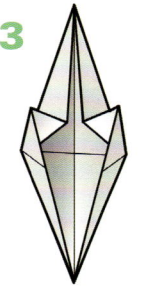

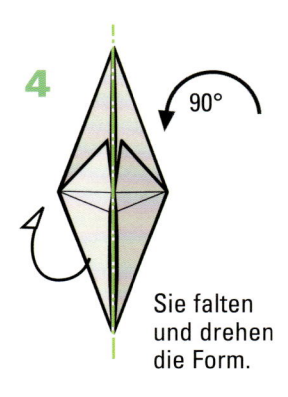

1 Falten und öffnen.

2 Falten und öffnen.

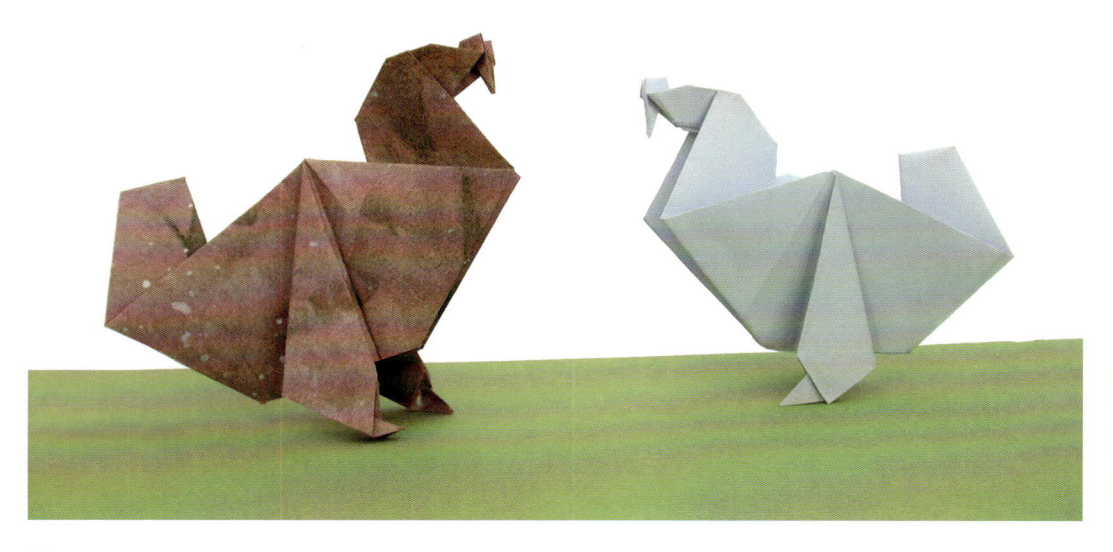

3 In Form ziehen.

4 90°

Sie falten und drehen die Form.

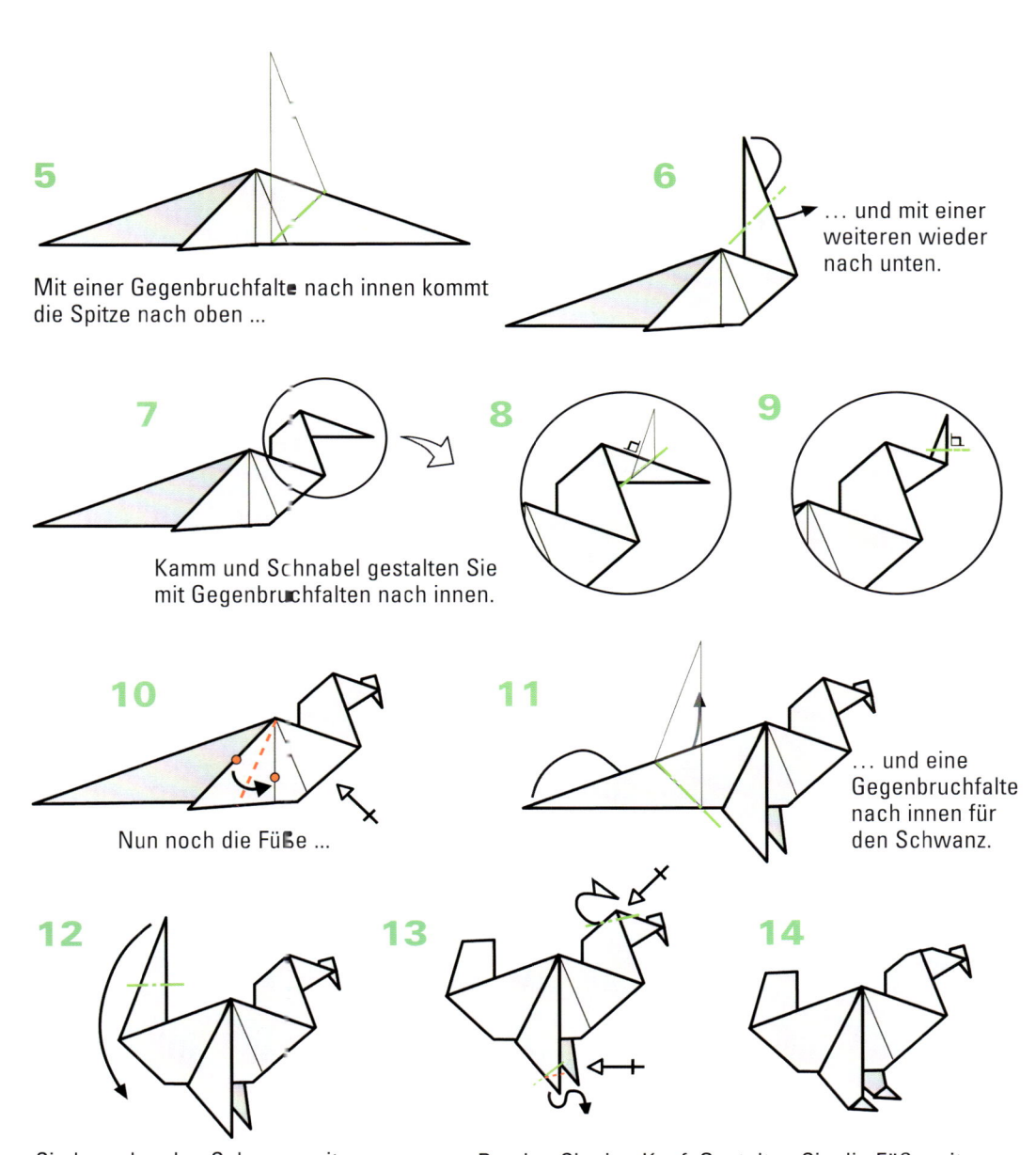

5

Mit einer Gegenbruchfalte nach innen kommt die Spitze nach oben ...

6

... und mit einer weiteren wieder nach unten.

7

Kamm und Schnabel gestalten Sie mit Gegenbruchfalten nach innen.

8

9

10

Nun noch die Füße ...

11

... und eine Gegenbruchfalte nach innen für den Schwanz.

12

Sie beenden den Schwanz mit einer Gegenbruchfalte nach innen.

13

14

Runden Sie den Kopf. Gestalten Sie die Füße mit einer doppelten Gegenbruchfalte nach innen.

Küken

Stufe ☐☐☐☐☐

Papier: 15 x 15 cm und + Unipapier

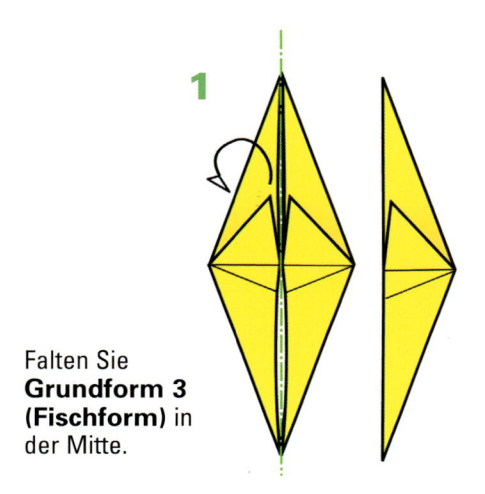

1

Falten Sie **Grundform 3 (Fischform)** in der Mitte.

2 Falten Sie wie angegeben und öffnen Sie.

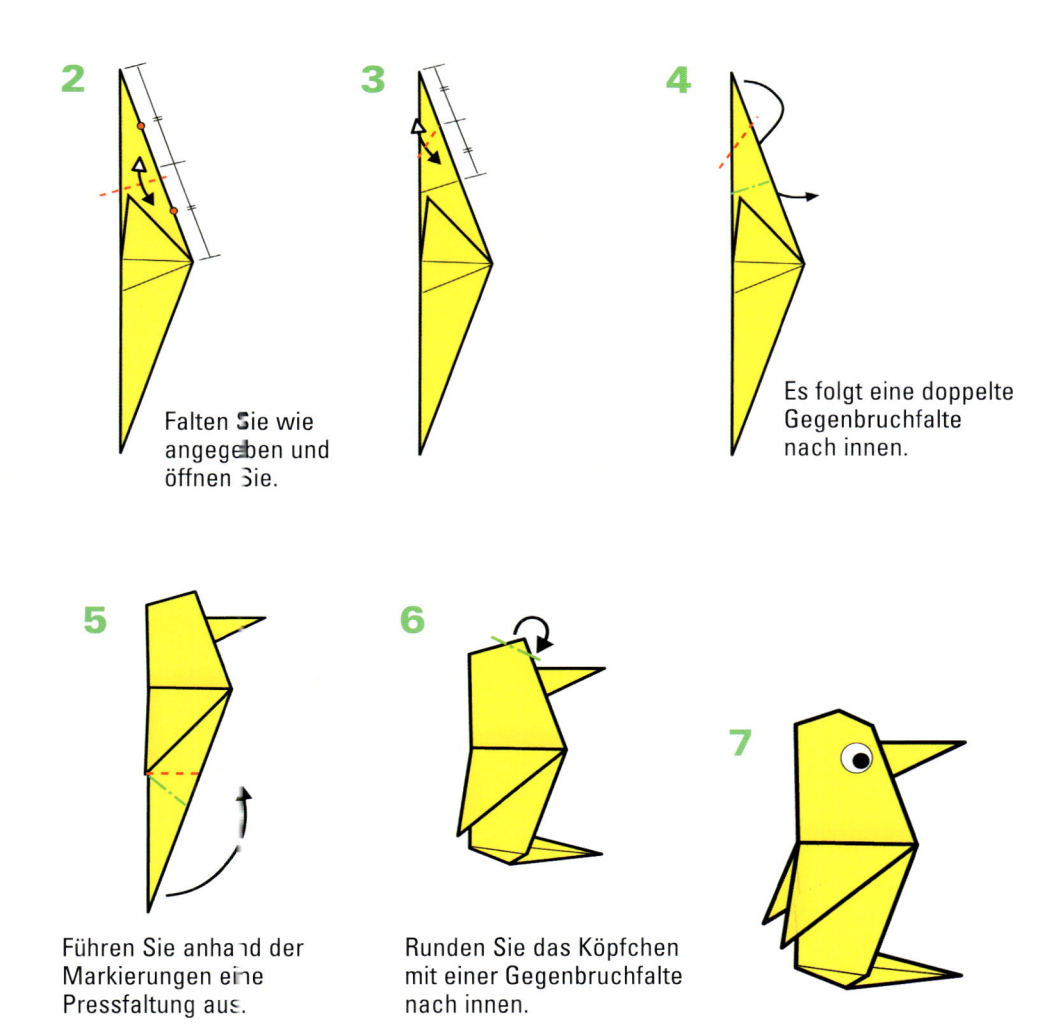

3

4 Es folgt eine doppelte Gegenbruchfalte nach innen.

5 Führen Sie anhand der Markierungen eine Pressfaltung aus.

6 Runden Sie das Köpfchen mit einer Gegenbruchfalte nach innen.

7

45

Einfacher Papagei

Stufe ■ ☐ ☐ ☐ ☐

**Papier: 15 x 15 cm und +
Unipapier oder mehrfarbig**

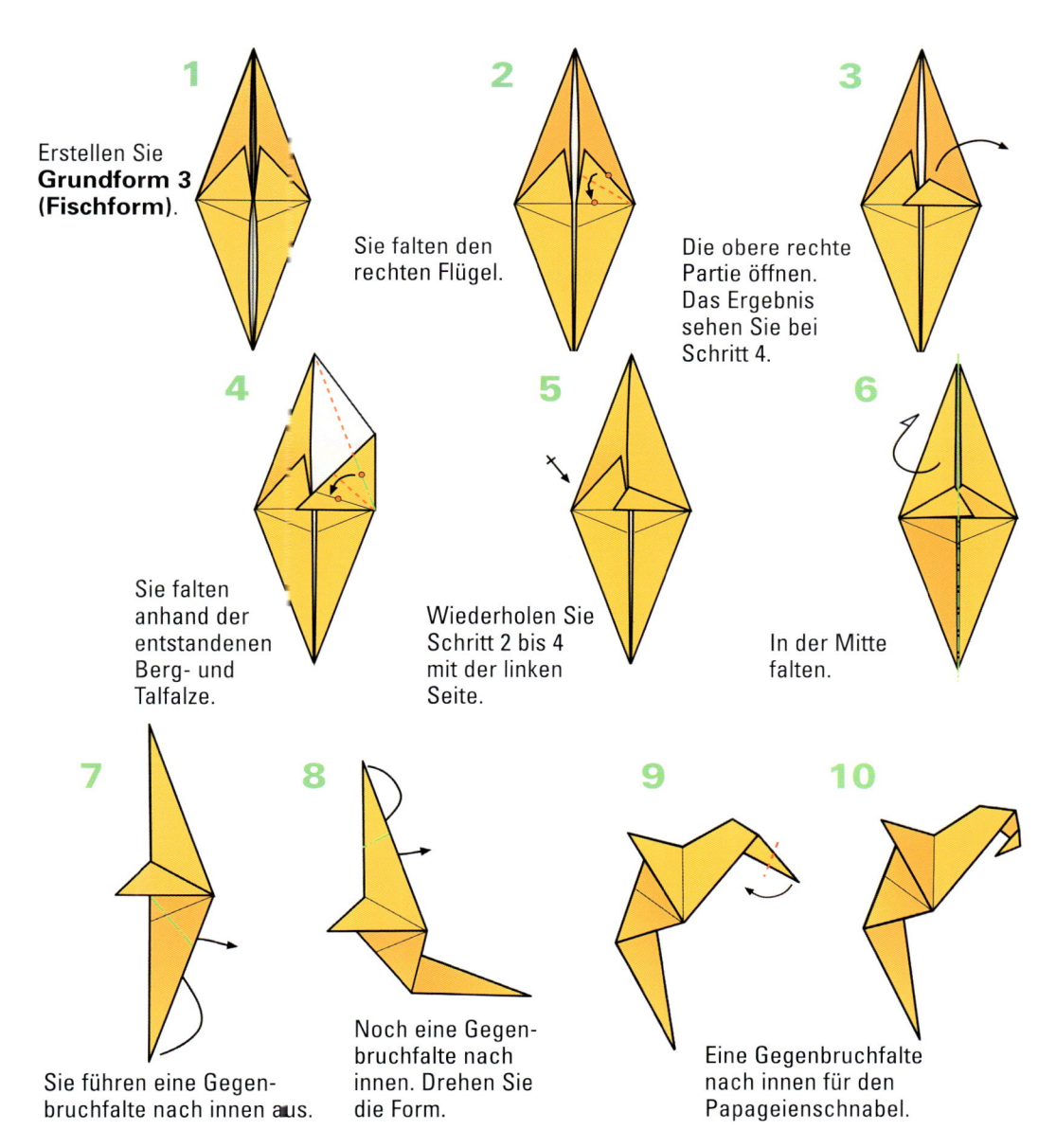

1 Erstellen Sie **Grundform 3 (Fischform)**.

2 Sie falten den rechten Flügel.

3 Die obere rechte Partie öffnen. Das Ergebnis sehen Sie bei Schritt 4.

4 Sie falten anhand der entstandenen Berg- und Talfalze.

5 Wiederholen Sie Schritt 2 bis 4 mit der linken Seite.

6 In der Mitte falten.

7 Sie führen eine Gegenbruchfalte nach innen aus.

8 Noch eine Gegenbruchfalte nach innen. Drehen Sie die Form.

9 Eine Gegenbruchfalte nach innen für den Papageienschnabel.

10

Sitzender Papagei

Stufe ▪ ▪ ☐ ☐ ☐

Papier: 15 x 15 cm und + Unipapier

1

Sie beginnen mit **Grundform 3 (Fischform)**. Falten Sie die kleinen Spitzen.

2

Sie falten nach hinten.

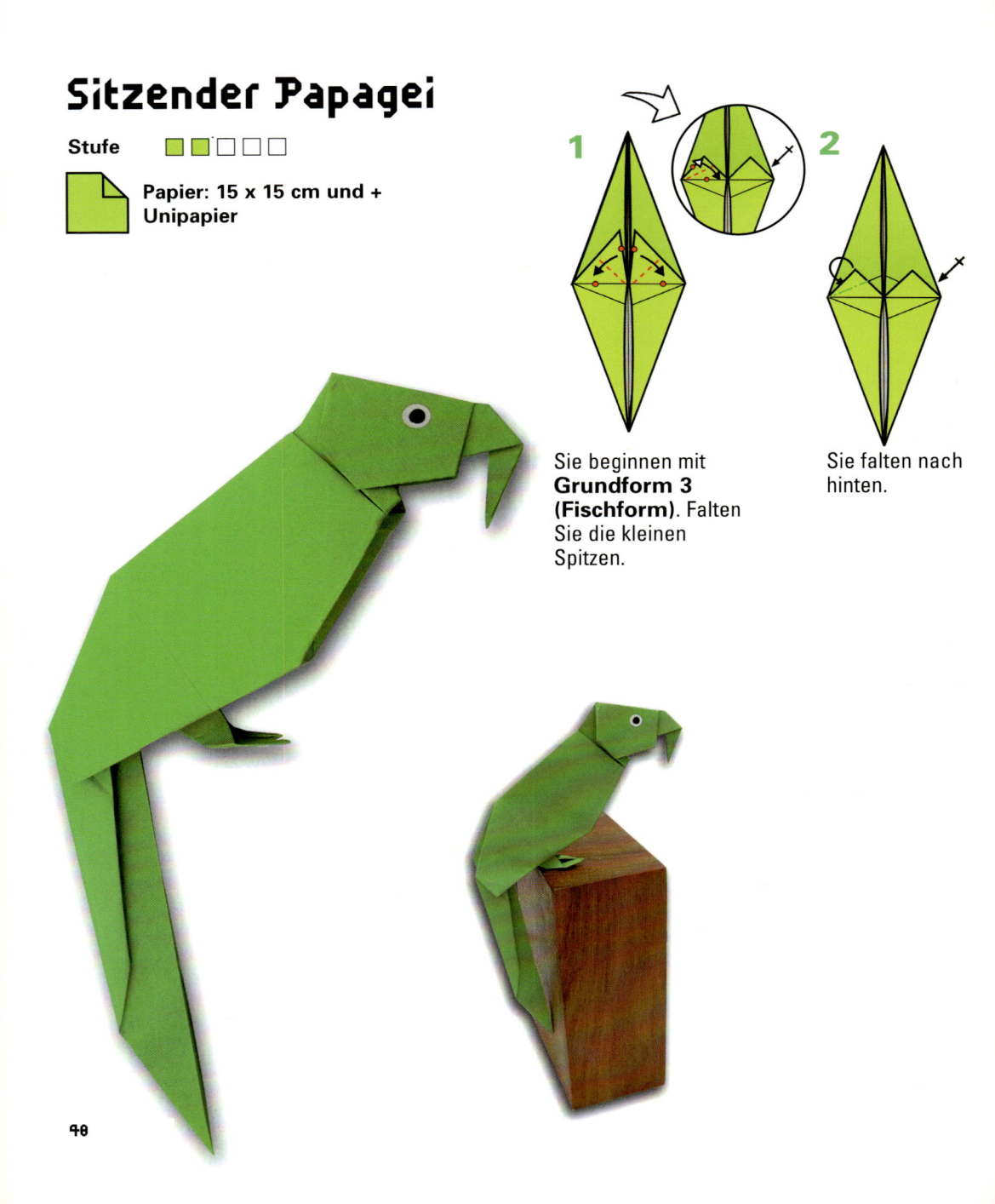

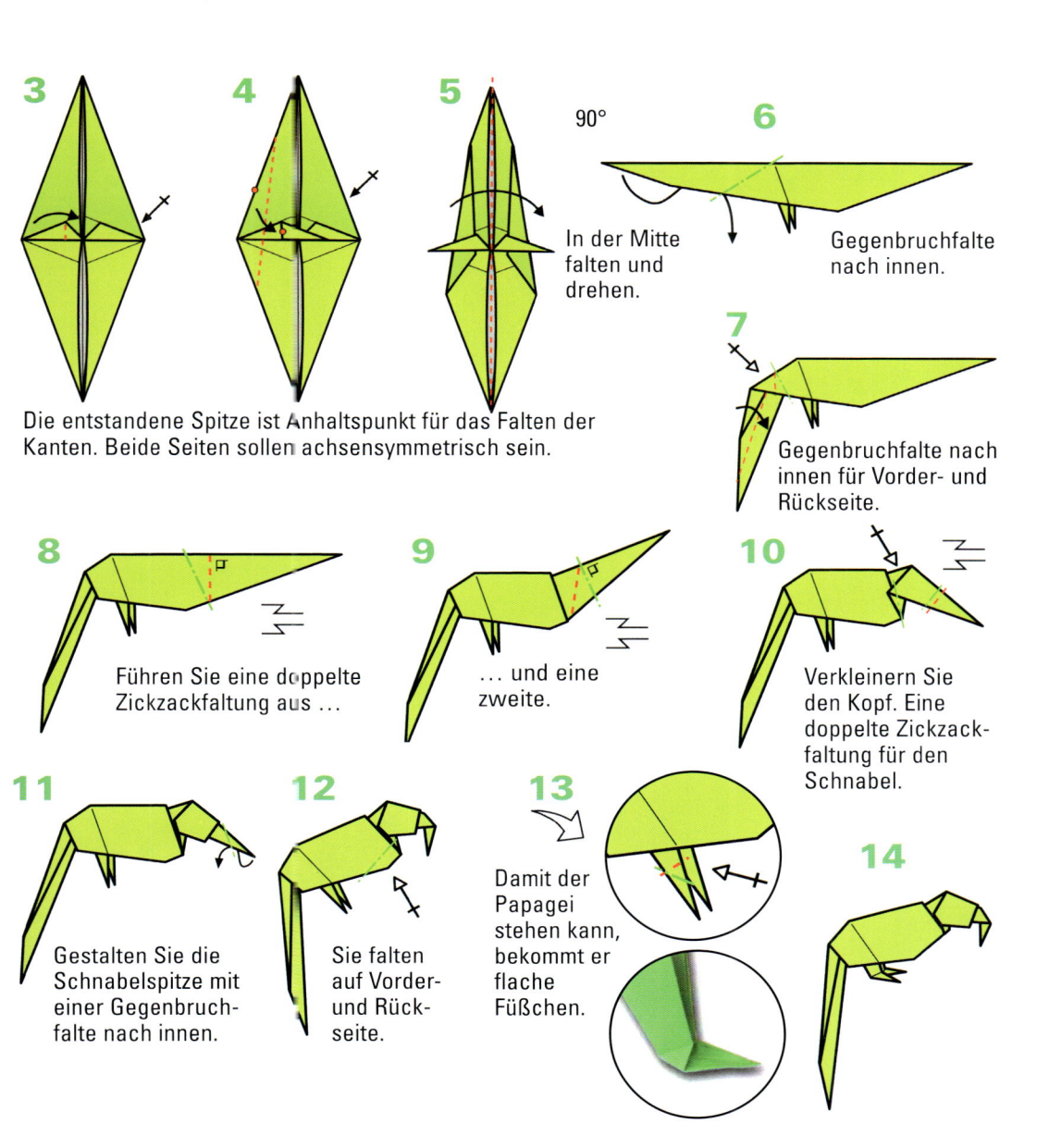

3

4

5
In der Mitte falten und drehen.

6
90°
Gegenbruchfalte nach innen.

Die entstandene Spitze ist Anhaltspunkt für das Falten der Kanten. Beide Seiten sollen achsensymmetrisch sein.

7
Gegenbruchfalte nach innen für Vorder- und Rückseite.

8
Führen Sie eine doppelte Zickzackfaltung aus …

9
… und eine zweite.

10
Verkleinern Sie den Kopf. Eine doppelte Zickzackfaltung für den Schnabel.

11
Gestalten Sie die Schnabelspitze mit einer Gegenbruchfalte nach innen.

12
Sie falten auf Vorder- und Rückseite.

13
Damit der Papagei stehen kann, bekommt er flache Füßchen.

14

49

Falke

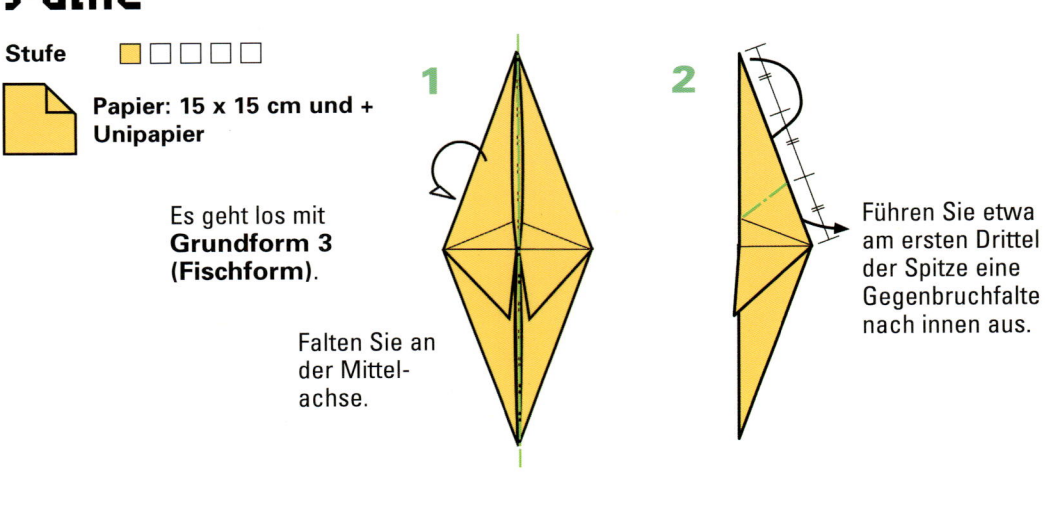

Stufe ☐☐☐☐☐

Papier: 15 x 15 cm und + Unipapier

Es geht los mit **Grundform 3 (Fischform)**.

Falten Sie an der Mittelachse.

Führen Sie etwa am ersten Drittel der Spitze eine Gegenbruchfalte nach innen aus.

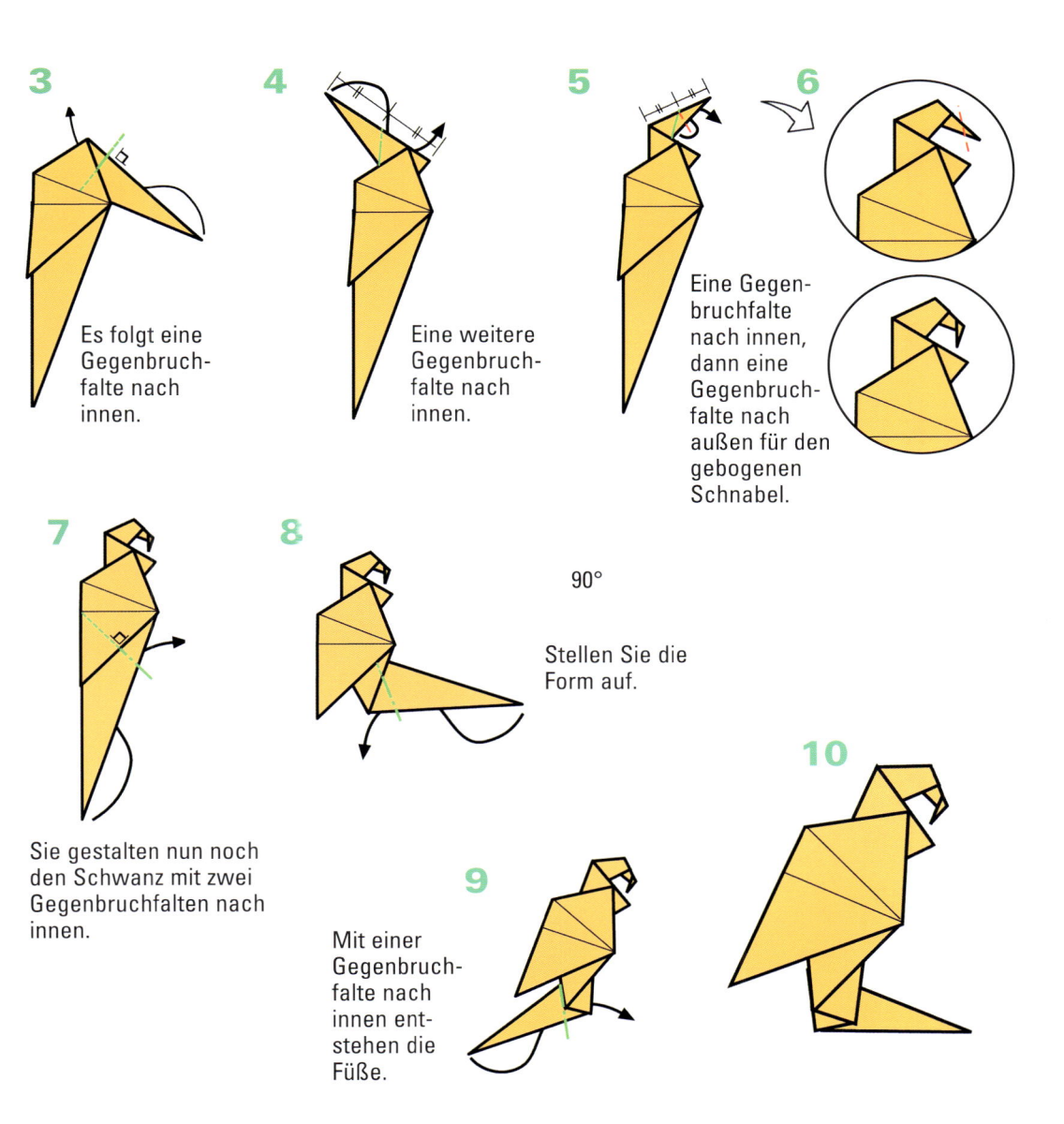

3

Es folgt eine Gegenbruchfalte nach innen.

4

Eine weitere Gegenbruchfalte nach innen.

5

Eine Gegenbruchfalte nach innen, dann eine Gegenbruchfalte nach außen für den gebogenen Schnabel.

6

7

Sie gestalten nun noch den Schwanz mit zwei Gegenbruchfalten nach innen.

8

90°

Stellen Sie die Form auf.

9

Mit einer Gegenbruchfalte nach innen entstehen die Füße.

10

51

Eule

Stufe ■ ☐ ☐ ☐ ☐

Papier: 15 x 15 cm und + Duopapier

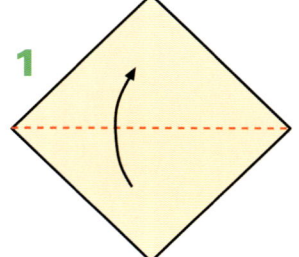

1 Sie falten in der Diagonalen.

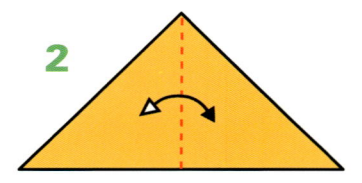

2 In der Mitte falten und öffnen.

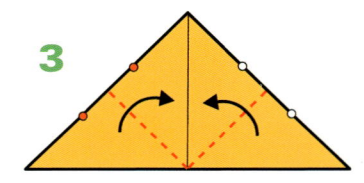

3 Falten Sie auf die Mittellinie.

4 Die Form wenden.

5 Auf die Mittellinie falten.

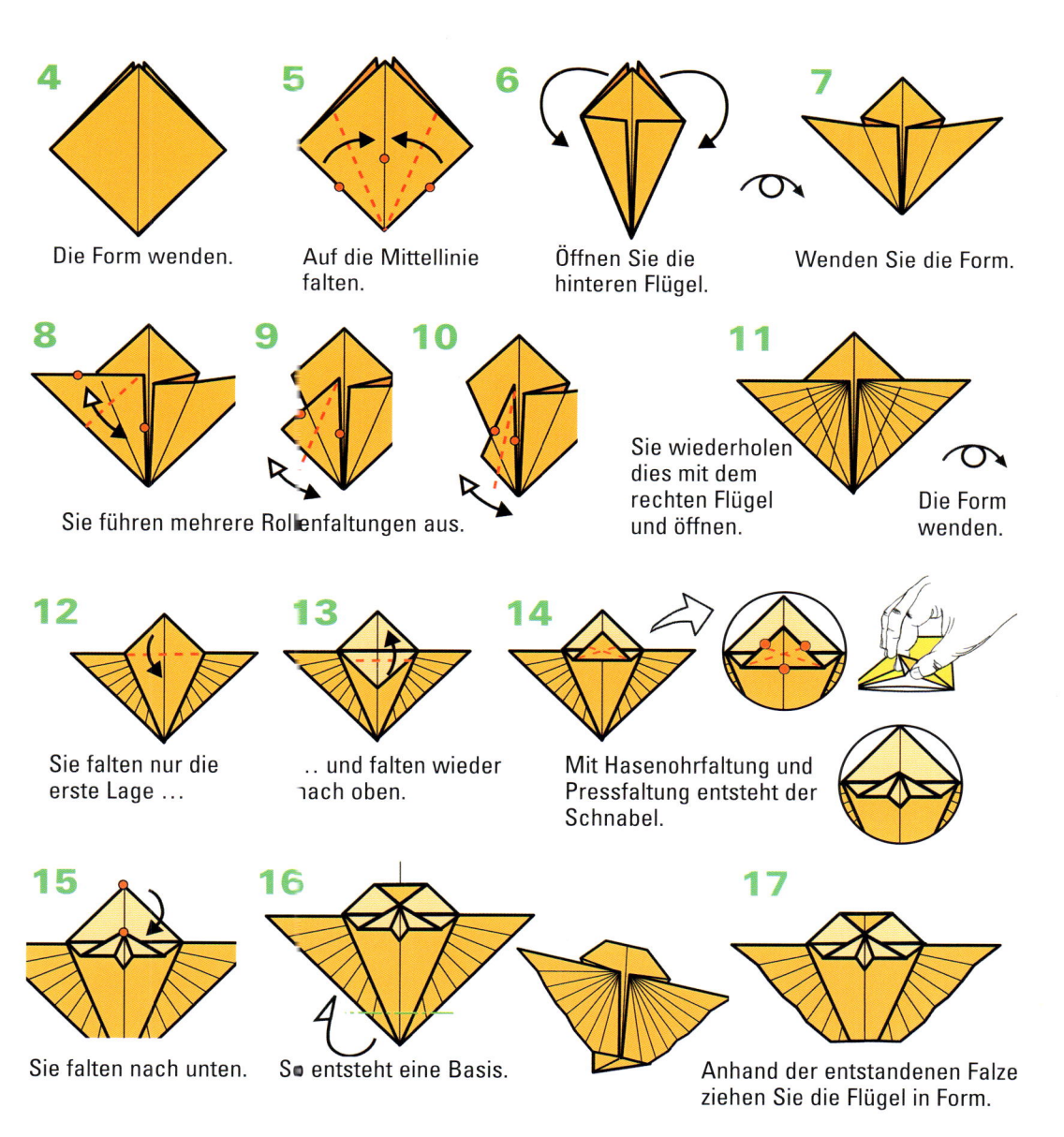

6 Öffnen Sie die hinteren Flügel.

7 Wenden Sie die Form.

8 Sie führen mehrere Rollenfaltungen aus.

9

10

11 Sie wiederholen dies mit dem rechten Flügel und öffnen. Die Form wenden.

12 Sie falten nur die erste Lage …

13 … und falten wieder nach oben.

14 Mit Hasenohrfaltung und Pressfaltung entsteht der Schnabel.

15 Sie falten nach unten.

16 So entsteht eine Basis.

17 Anhand der entstandenen Falze ziehen Sie die Flügel in Form.

Fledermaus

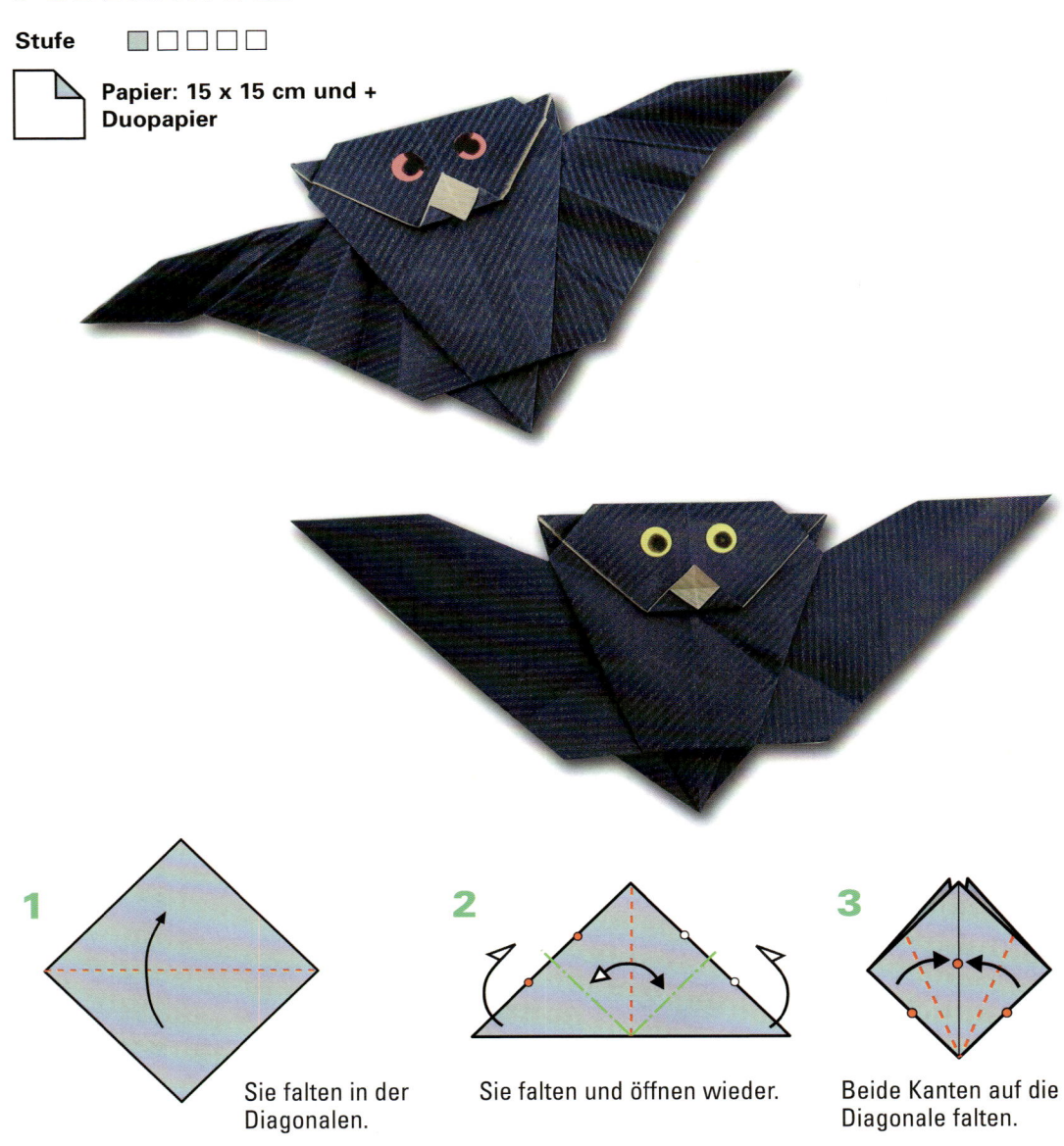

Stufe ■ ☐ ☐ ☐ ☐

Papier: 15 x 15 cm und +
Duopapier

1

Sie falten in der Diagonalen.

2

Sie falten und öffnen wieder.

3

Beide Kanten auf die Diagonale falten.

54

4 Öffnen Sie die hinteren Flüge .

5 Sie falten den rechten Flügel nach links.

6 Falten und öffnen.

7 Klappen Sie den Flügel um.

8 Führen Sie sternförmige Falze auf dem Flügel aus oder überspringen Sie den Schritt.

9 Sie falten mithilfe der Markierung.

10 Sie falten und wiederholen dann Schritt 5 bis 8 am linken Flügel.

11 Wenden Sie die Form und falten Sie nach unten.

12 Eine Zickzackfaltung für den Schwanz. Falten Sie noch die Schnauzenspitze.

13 Nun falten Sie die erste Lage der Mittelpartie für das Maul. Für das Maul schieben Sie beide Lagen auseinander.

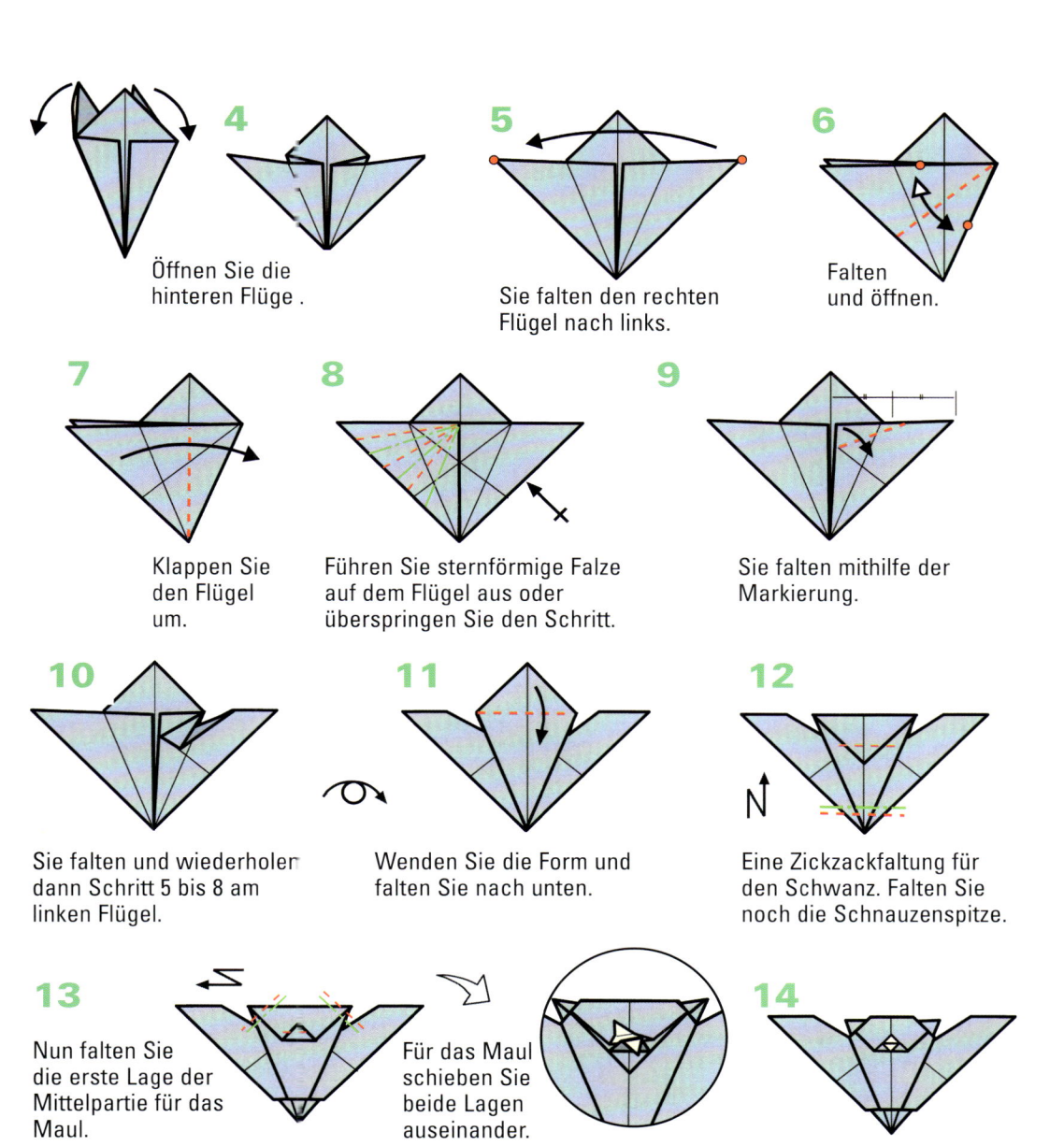

14

Katze

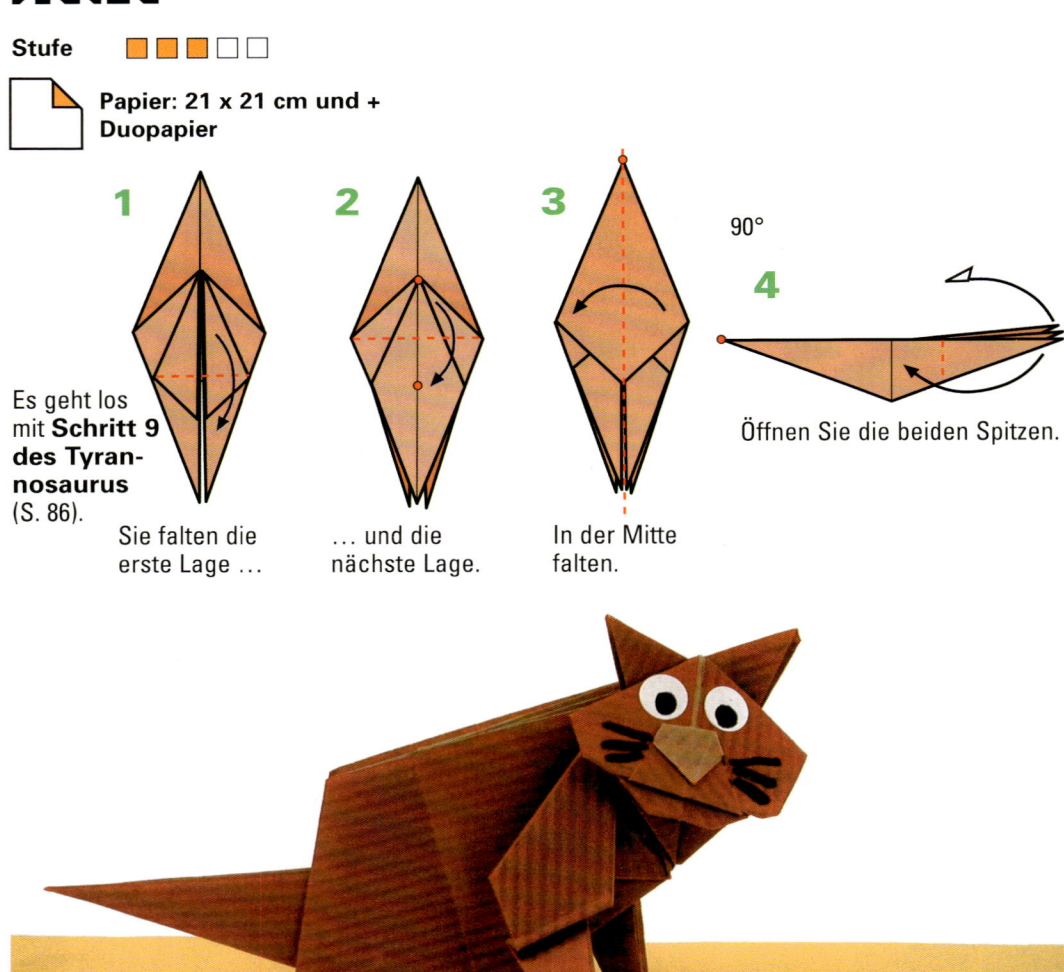

Stufe 🟧🟧🟧⬜⬜

**Papier: 21 x 21 cm und +
Duopapier**

1

Es geht los mit **Schritt 9 des Tyrannosaurus** (S. 86).

Sie falten die erste Lage …

2

… und die nächste Lage.

3

In der Mitte falten.

90°

4

Öffnen Sie die beiden Spitzen.

5 Falten und öffnen.

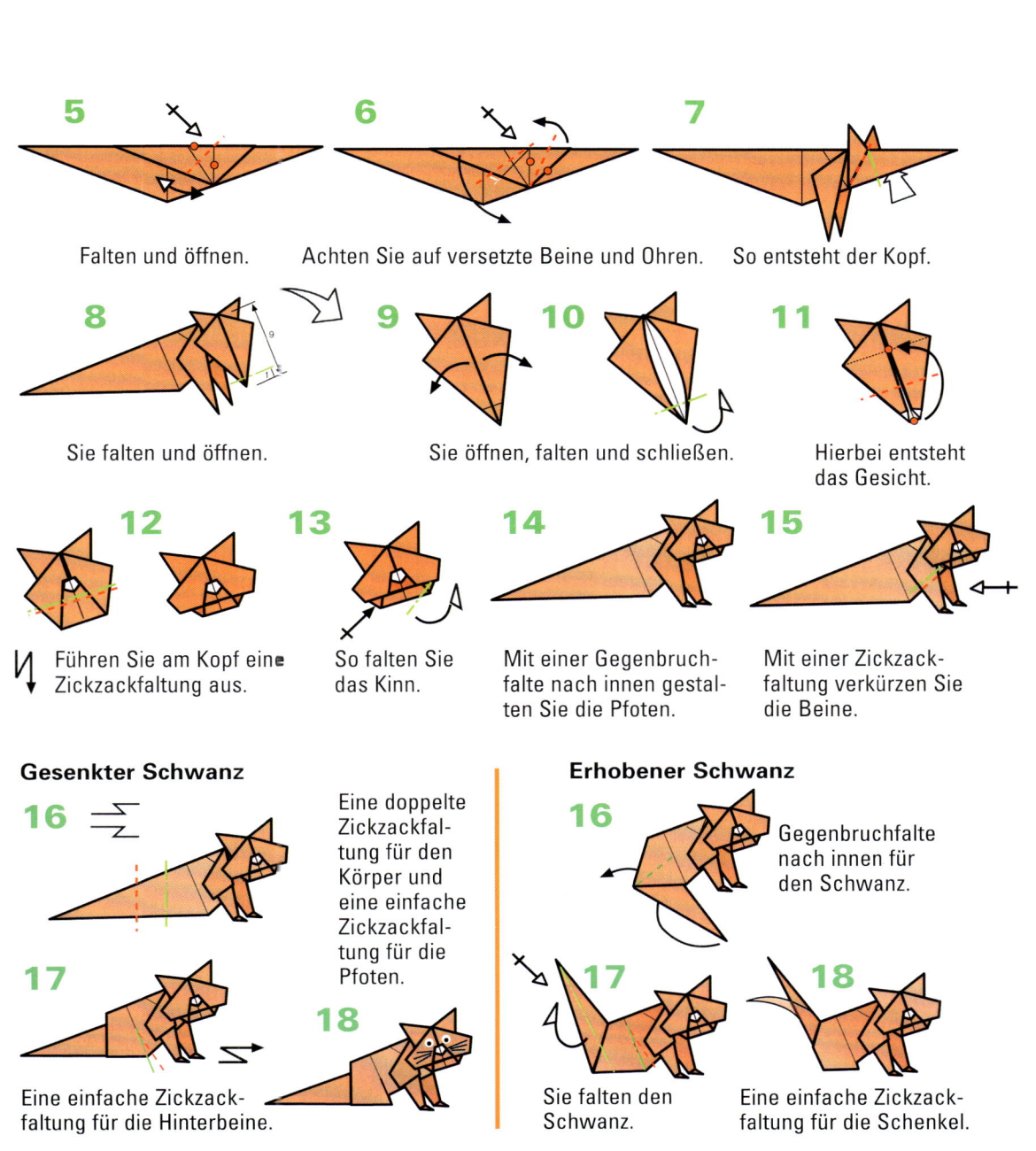

6 Achten Sie auf versetzte Beine und Ohren.

7 So entsteht der Kopf.

8 Sie falten und öffnen.

9 , **10** Sie öffnen, falten und schließen.

11 Hierbei entsteht das Gesicht.

12 Führen Sie am Kopf eine Zickzackfaltung aus.

13 So falten Sie das Kinn.

14 Mit einer Gegenbruchfalte nach innen gestalten Sie die Pfoten.

15 Mit einer Zickzackfaltung verkürzen Sie die Beine.

Gesenkter Schwanz

16 Eine doppelte Zickzackfaltung für den Körper und eine einfache Zickzackfaltung für die Pfoten.

17 Eine einfache Zickzackfaltung für die Hinterbeine.

18

Erhobener Schwanz

16 Gegenbruchfalte nach innen für den Schwanz.

17 Sie falten den Schwanz.

18 Eine einfache Zickzackfaltung für die Schenkel.

Welpe

Stufe ■ □ □ □ □

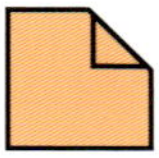

Papier: 15 x 15 cm und + Unipapier

1 Falten und öffnen Sie.

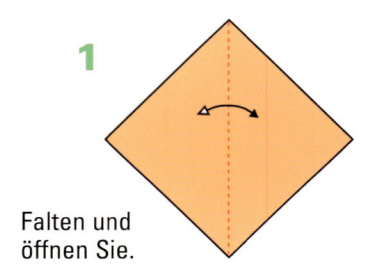

2 Sie falten beide Kanten.

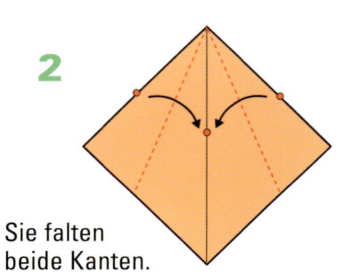

3 In der Mitte falten.

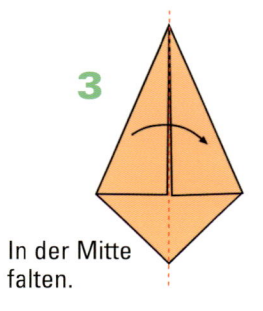

1

2

Welpe 1

4 Im rechten Winkel falten und öffnen.

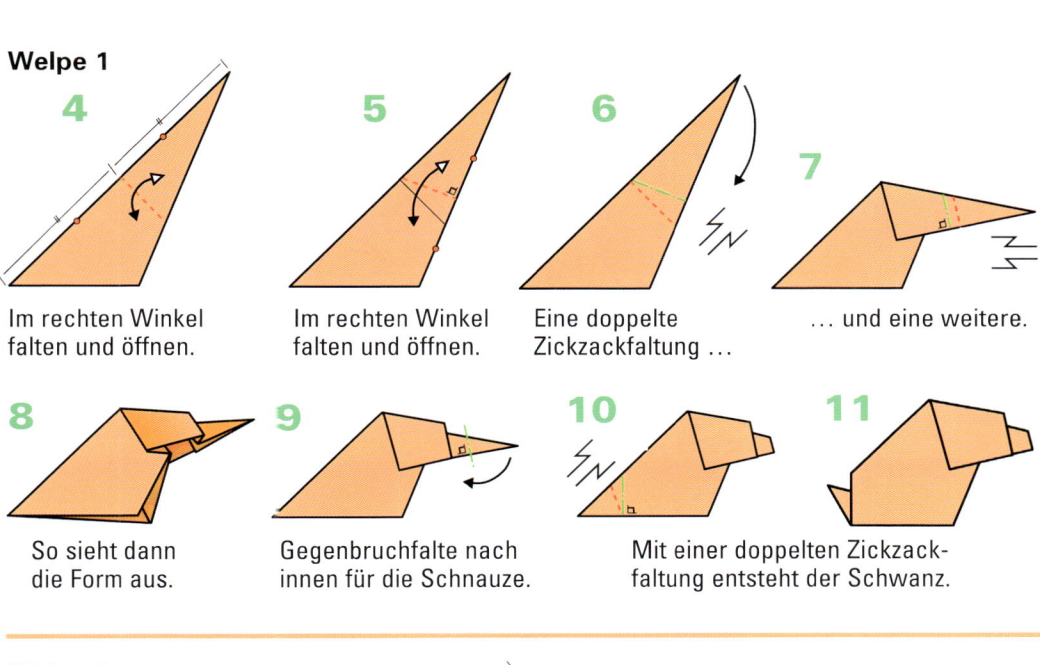

5 Im rechten Winkel falten und öffnen.

6 Eine doppelte Zickzackfaltung ...

7 ... und eine weitere.

8 So sieht dann die Form aus.

9 Gegenbruchfalte nach innen für die Schnauze.

10 Mit einer doppelten Zickzackfaltung entsteht der Schwanz.

11

Welpe 2

4 Im rechten Winkel falten und öffnen.

5 Führen Sie eine doppelte Zickzackfaltung aus ...

6 ... und eine weitere.

7 Gegenbruchfalte nach innen für die Schnauze.

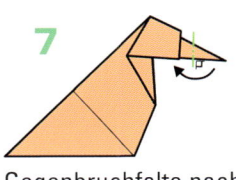

8 Sie führen eine doppelte Zickzackfaltung aus.

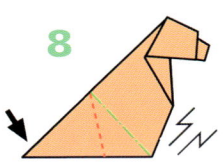

9 Mit einer Gegenbruchfalte nach innen gestalten Sie die Beine des Hündchens.

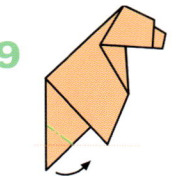

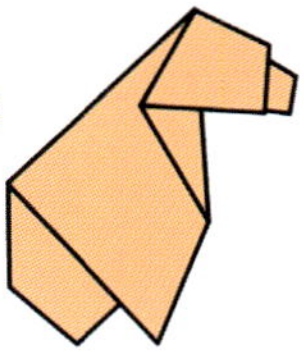

10

Sitzender Hund

Stufe ■ ☐ ☐ ☐ ☐

Papier: 15 x 15 cm und + Unipapier

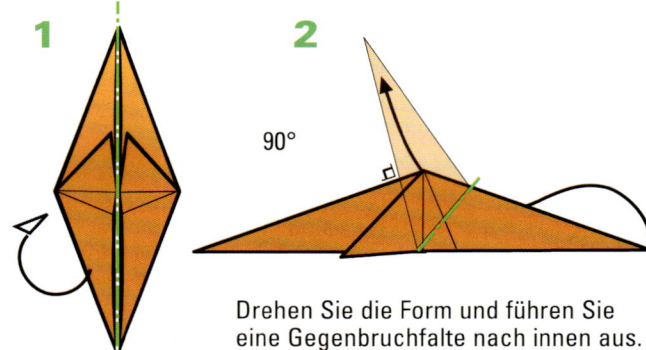

1

2

90°

Falten Sie **Grundform 3 (Fischform)** in der Mitte.

Drehen Sie die Form und führen Sie eine Gegenbruchfalte nach innen aus.

3 Eine weitere Gegenbruchfalte nach innen.

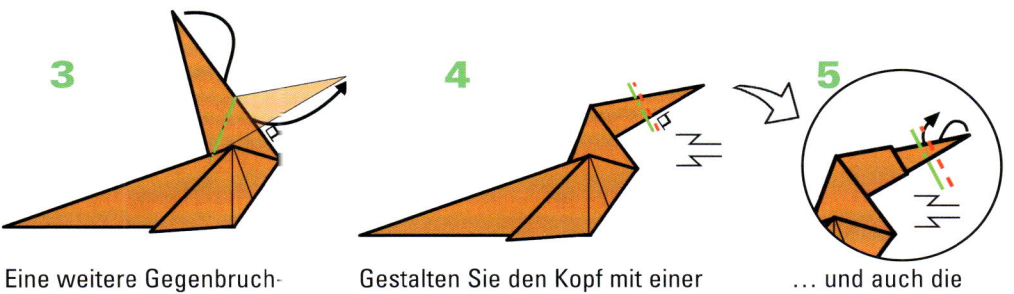

4 Gestalten Sie den Kopf mit einer doppelten Zickzackfaltung …

5 … und auch die Schnauze.

6 Falten und öffnen.

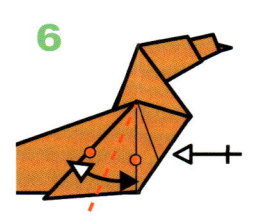

7 Eine Pressfaltung.

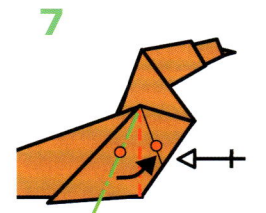

8 Falten.

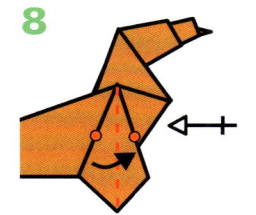

9 Gegenbruchfalte nach innen für das Bein.

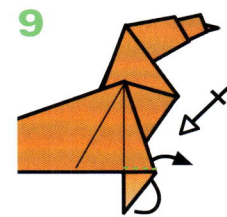

10 Stülpen Sie die Spitze nach innen.

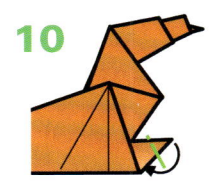

11 Markieren Sie die Kantenmitte und schneiden Sie. Klappen Sie die beiden entstandenen Spitzen um.

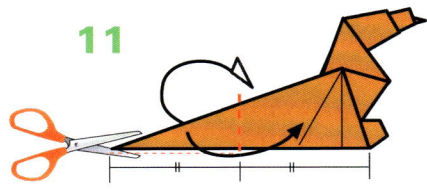

12 Eine einfache Zickzackfaltung für das Bein.

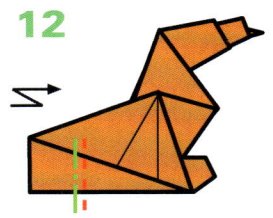

13 Stülpen Sie die Spitze nach innen.

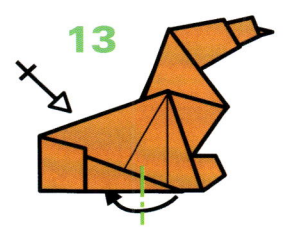

Zum Schluss noch die Hundeohren!

14

15

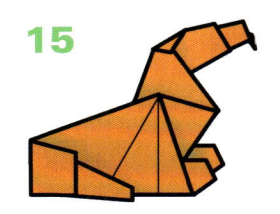

61

Pudel

Stufe ■ ☐ ☐ ☐ ☐

**Papier: 15 x 15 cm und +
Duopapier**

1

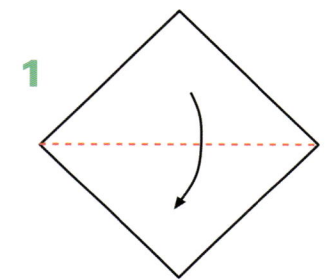

Sie falten in der Mitte.

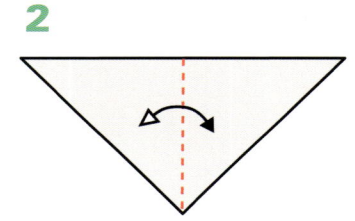

2

In der Mittellinie falten und öffnen.

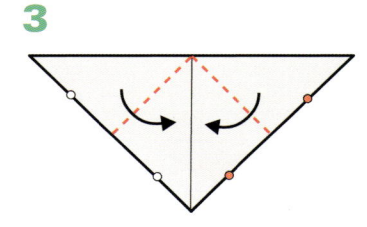

3

Jetzt falten Sie beide Kanten auf die Mitte.

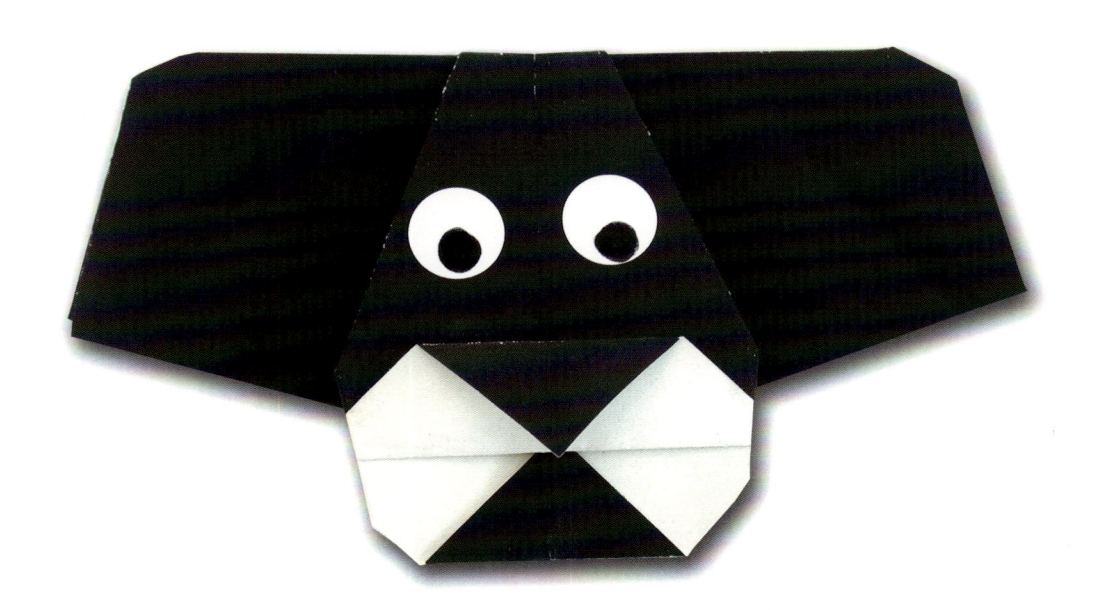

4 Wenden Sie die Form.

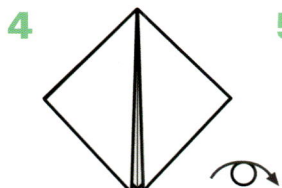

5 Falten und öffnen.

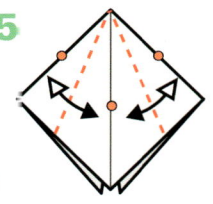

6 Öffnen Sie die Flügel. Nach Schritt 7 öffnen Sie wieder.

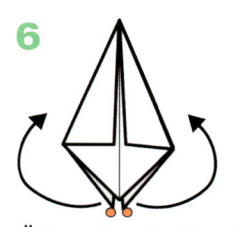

7

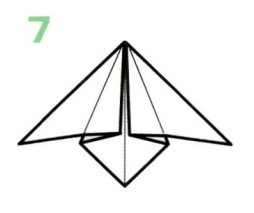

8 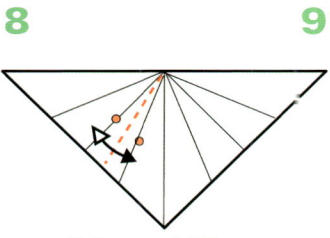 Falten und öffnen.

9 Eine einfache Zickzackfaltung. Dann wiederholen Sie rechts Schritt 8 und 9.

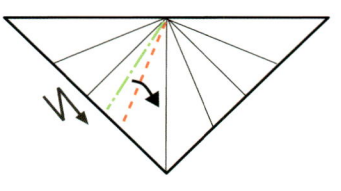

10 Im rechten Winkel falten und öffnen.

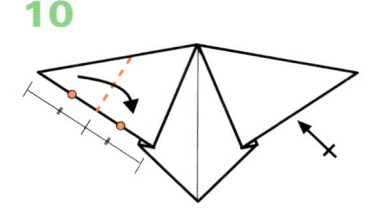

11 Gegenbruchfalte nach innen.

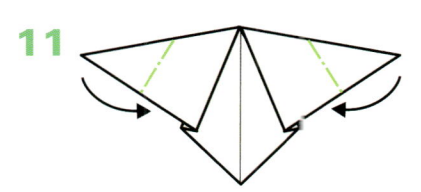

12 Wenden Sie die Form.

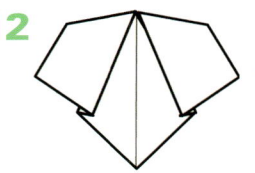

13 Sie falten die Spitze der ersten Lage nach oben.

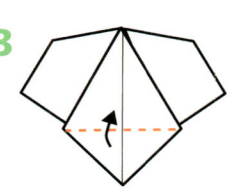

14 Falten Sie beide Spitzen auf die Mitte.

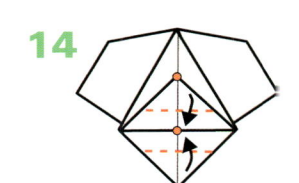

15 Zum Schluss falten Sie das Kopfende und stabilisieren die Schnauze.

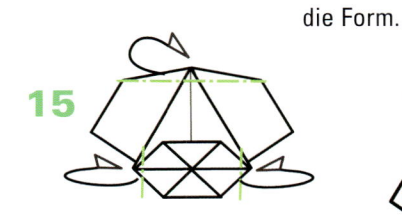

16

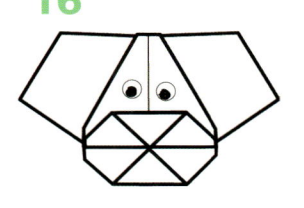

63

Schweinchen

Stufe ☐☐☐☐☐

Papier: 15 x 15 cm und + Unipapier

Schweinchen 1

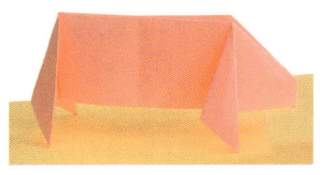

1 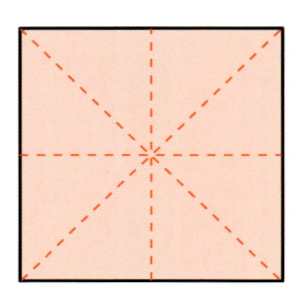 Sie falten auf die Diagonalen und Mittellinien und öffnen.

2 Falten Sie wie angegeben und öffnen Sie.

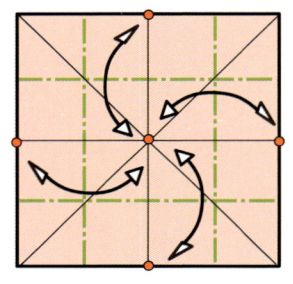

3 Es folgt eine Ziehharmonikafaltung.

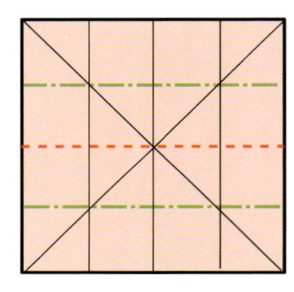

4 Sie schneiden und falten in der Diagonalen.

5 Falten Sie den hinteren Teil wie angegeben.

6 Sie falten und öffnen, um eine Pressfaltung auszuführen.

7 So gestalten Sie das Vorderbein.

8 Mit einer Gegenbruchfalte nach innen entsteht der Rüssel.

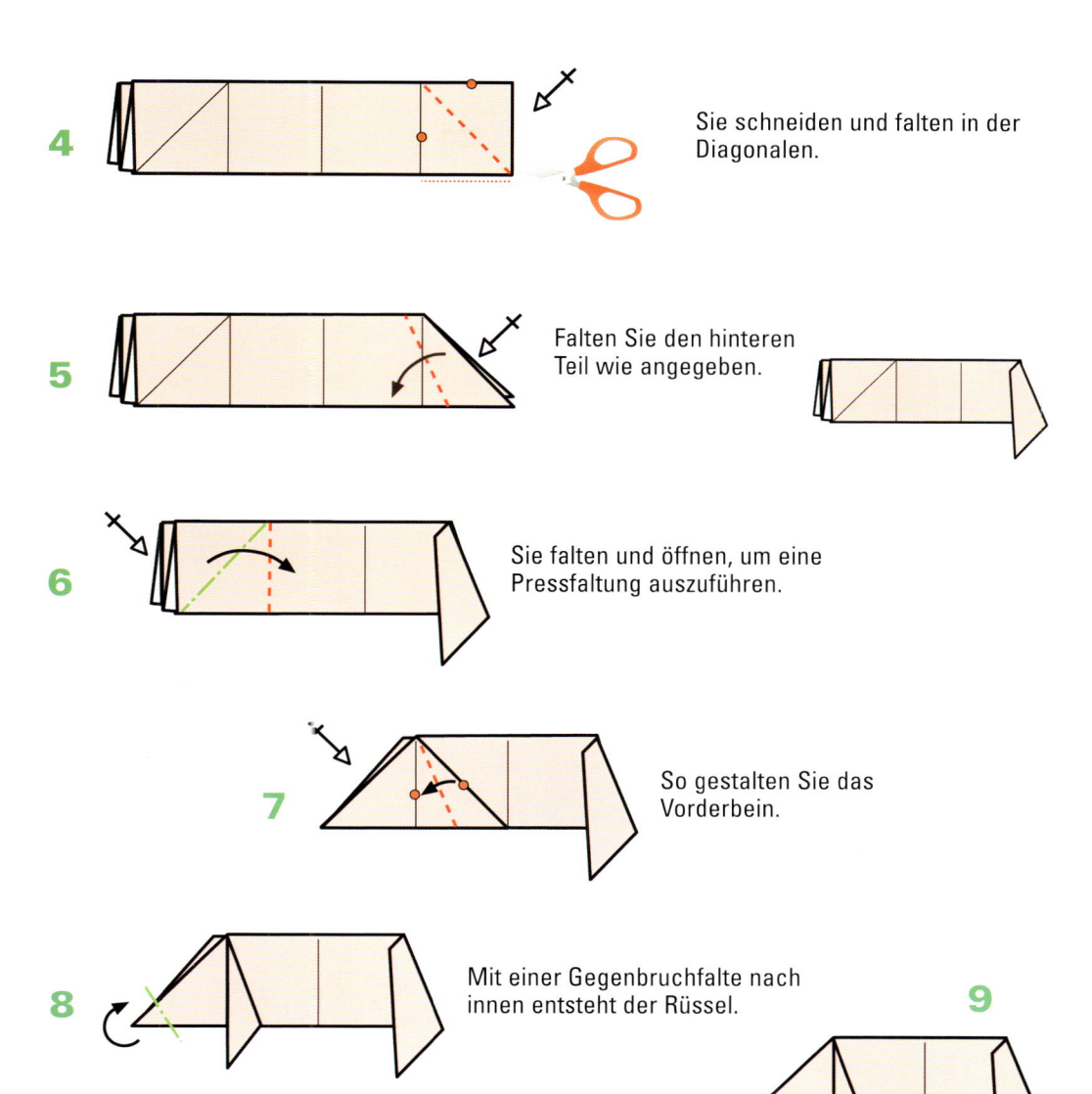

9

Schweinchen

Stufe ■ ■ ☐ ☐ ☐

Papier: 15 x 15 cm und + Unipapier

Schweinchen 2

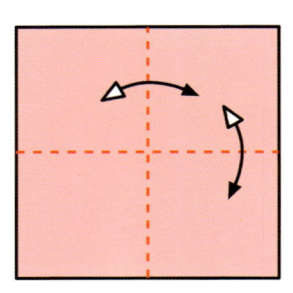

1

Sie falten auf die Mittellinien und öffnen.

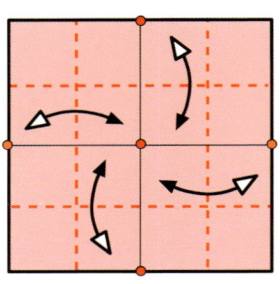

2

Falten Sie wie angegeben und öffnen Sie.

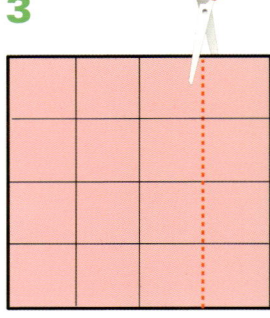

3

Schneiden Sie eine Spalte ab.

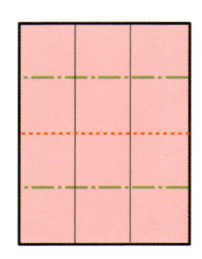

4

Es folgt eine Ziehharmonikafaltung.

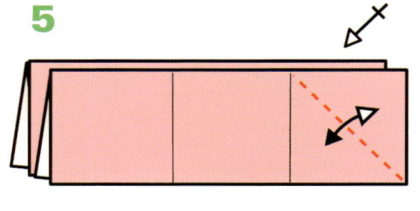

5

Sie falten in der Diagonalen und öffnen.

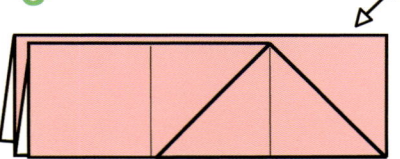

6

Führen Sie eine Pressfaltung aus.

66

7 Eine doppelte Gegenbruchfalte nach innen.

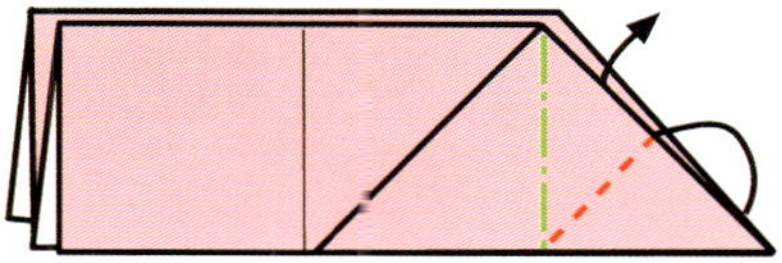

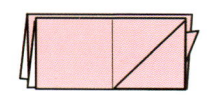

8 Falten Sie die Hinterbeine.

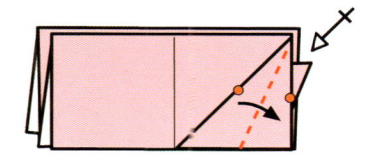

9 Sie führen eine Pressfaltung aus.

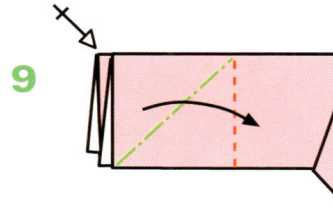

10 So gestalten Sie das Vorderbein.

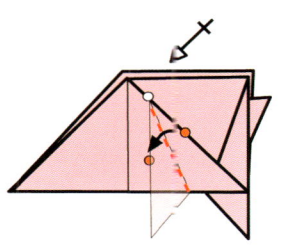

11 Für den Kopf verwenden Sie eine Gegenbruchfalte nach innen.

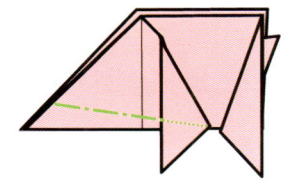

12 Mit einer Gegenbruchfalte nach innen entsteht auch der Rüssel. Um den Körper abzurunden, stülpen Sie die Ecken nach innen.

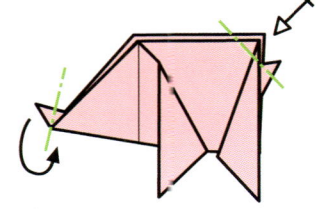

13

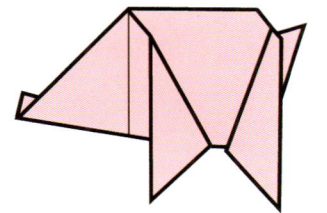

67

Stier

Stufe ■■☐☐☐

Papier: 15 x 15 cm und +
Uni- oder Duopapier

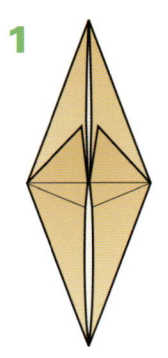

1

Erstellen Sie zunächst **Grundform 3 (Fischform)**.

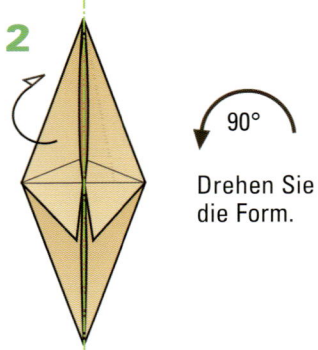

2

Sie falten in der Mittelachse.

90°

Drehen Sie die Form.

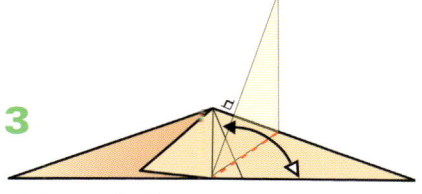

3 Falten und öffnen

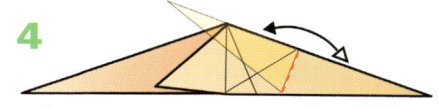

4 Sie falten erneut und öffnen.

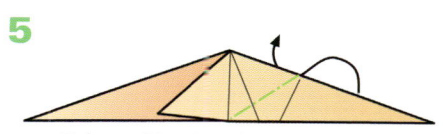

5 Führen Sie eine Gegenbruchfalte nach innen aus ...

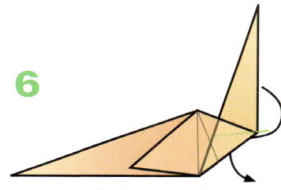

6 ... und eine zweite.

7 Es folgt eine weitere Gegenbruchfalte nach innen.

8 Und noch eine.

Bei zweifarbigem Papier schneiden Sie die Spitzen ein, sodass mit den Gegenbruchfalten das Weiß sichtbar wird.

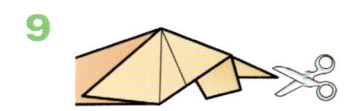

9 Für die Hörner schneiden Sie die Spitzen durch.

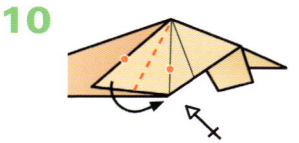

10 Falten Sie die Beine.

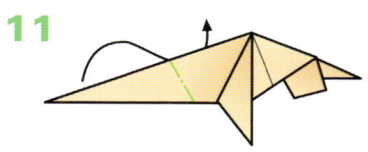

11 Sie führen hinten eine Gegenbruchfalte nach innen aus.

12 Eine Gegenbruchfalte nach innen.

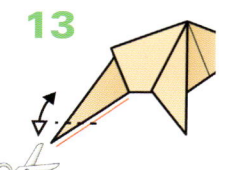

13 Für die Hinterbeine schneiden Sie die Spitze ab.

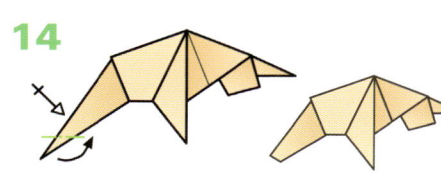

14 Mit Gegenbruchfalten nach innen gestalten Sie die Hufe.

Fuchs

Stufe ■■■☐☐

Papier: 21 x 21 cm und + Unipapier

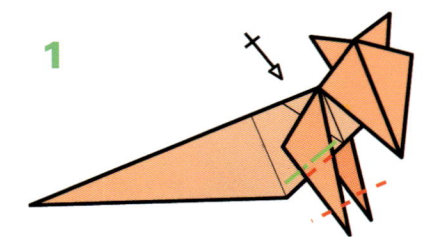

1

Sie beginnen bei **Schritt 8 der Katze** von S. 56. Die Vorderbeine entstehen mit einer doppelten Zickzackfaltung und einer Gegenbruchfalte nach außen.

2

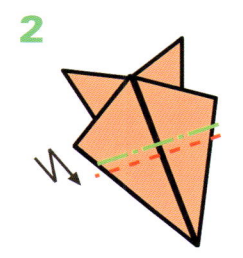

Eine einfache Zickzackfaltung für den Kopf.

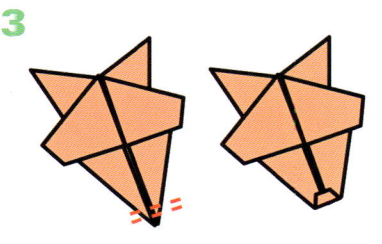

3

Schließen Sie das Kinn mit zwei Talfalten ab.

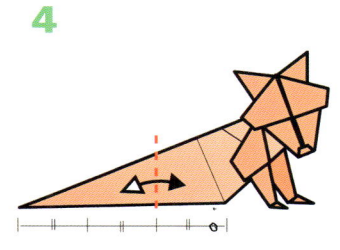

4

Falten und öffnen.

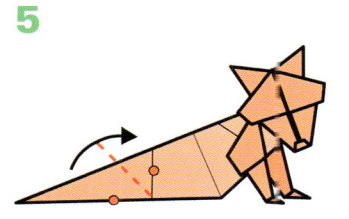

5

Falten Sie die Spitze.

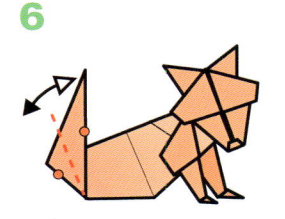

6

Falten Sie und öffnen Sie.

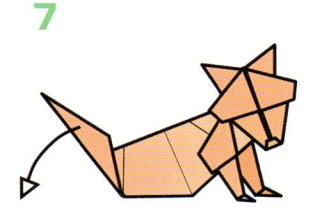

7

Öffnen, um zu Schritt 1 zurückzukommen.

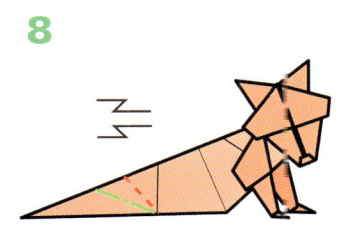

8

Anhand der entstandenen Falze heben Sie den Schwanz mit einer doppelten Zickzackfaltung.

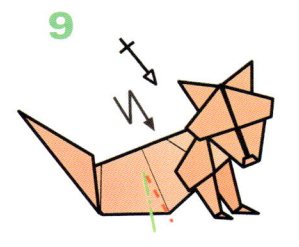

9

Mit einer einfachen Zickzackfaltung entstehen die Hinterbeine.

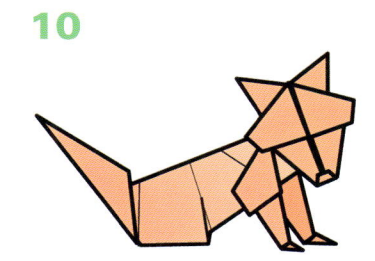

10

71

Bär

Stufe ■■■□□

Papier: 21 x 21 cm und + Unipapier

1

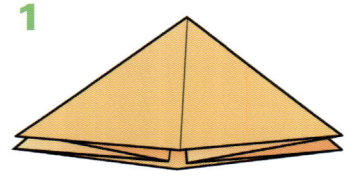

Erstellen Sie **Grundform 2 (Wasserbomben-Grundform)**.

2

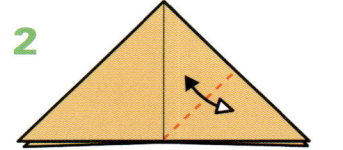

3

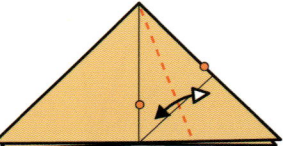

Falten und öffnen.

4

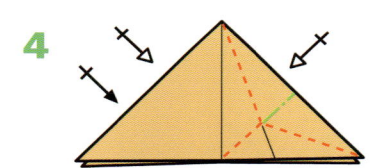

Sie führen eine Hasenohrfaltung aus und wiederholen Schritt 2 bis 4 mit den anderen drei Flügeln.

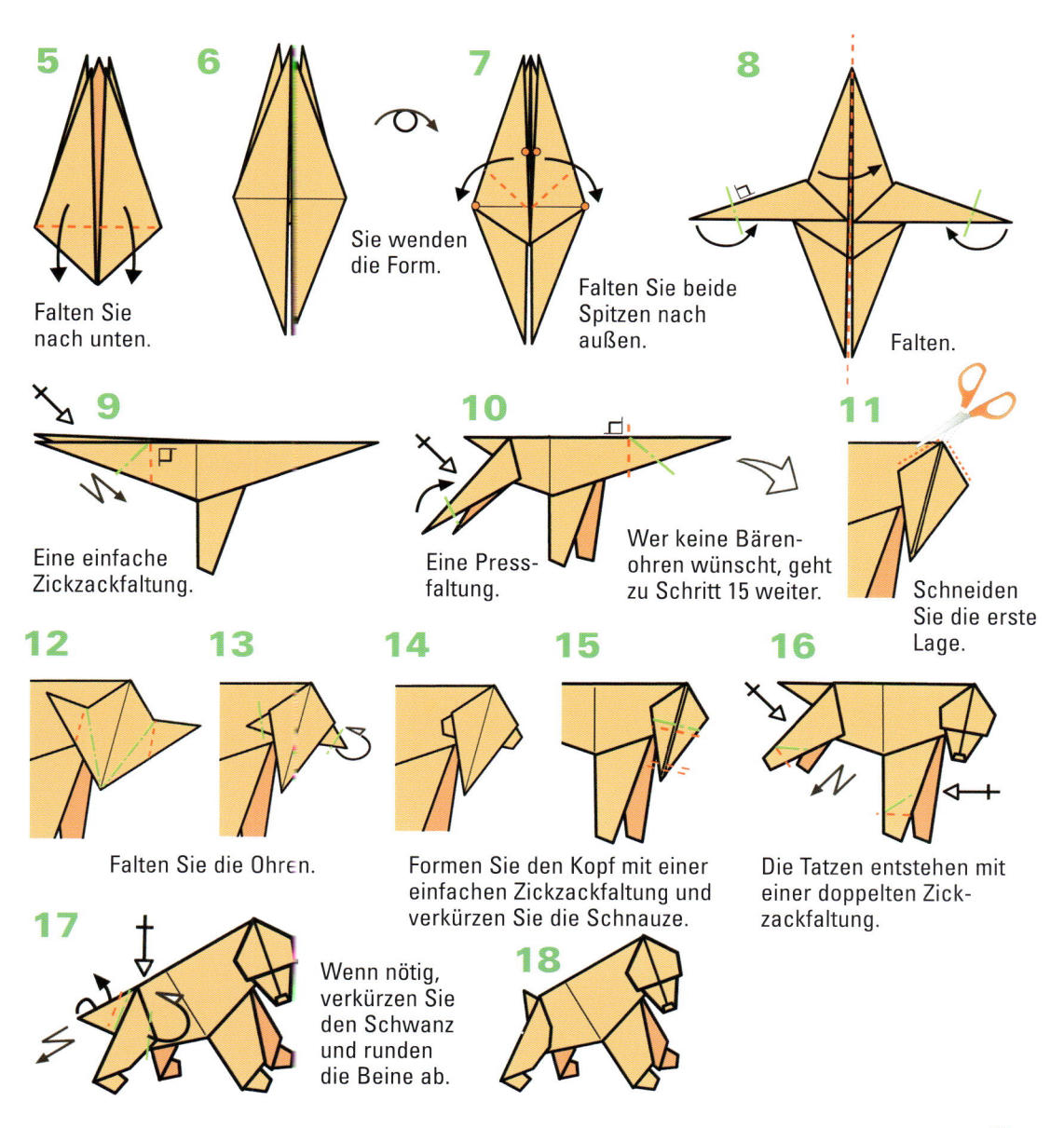

5 Falten Sie nach unten.

6 Sie wenden die Form.

7 Falten Sie beide Spitzen nach außen.

8 Falten.

9 Eine einfache Zickzackfaltung.

10 Eine Pressfaltung. Wer keine Bärenohren wünscht, geht zu Schritt 15 weiter.

11 Schneiden Sie die erste Lage.

12

13 Falten Sie die Ohren.

14

15 Formen Sie den Kopf mit einer einfachen Zickzackfaltung und verkürzen Sie die Schnauze.

16 Die Tatzen entstehen mit einer doppelten Zickzackfaltung.

17 Wenn nötig, verkürzen Sie den Schwanz und runden die Beine ab.

18

Gazelle

Stufe ■■■□□

Papier: 21 x 21 cm und + Unipapier

Ausgehend von **Grundform 2 (Wasserbomben-Grundform)** beginnen Sie mit Schritt 1 bis 6 des Bären auf S. 72 und 73.

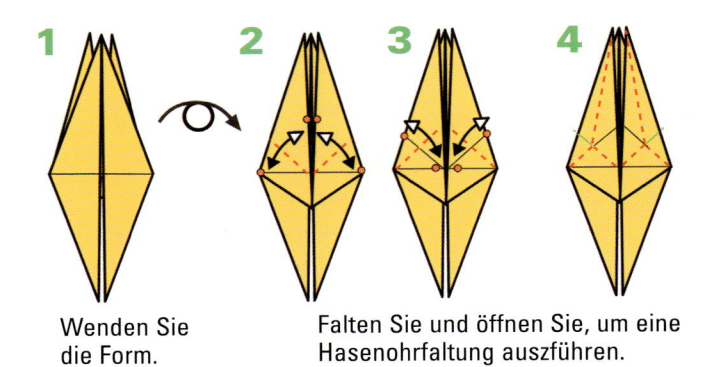

1 **2** **3** **4**

Wenden Sie die Form.

Falten Sie und öffnen Sie, um eine Hasenohrfaltung auszführen.

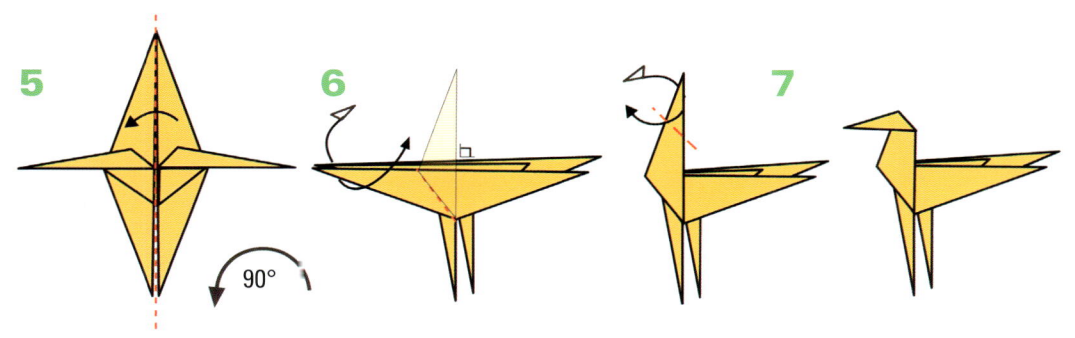

5 Falten Sie und drehen Sie die Form.

6 Eine Gegenbruchfalte nach außen für den Hals …

7 … und eine weitere für den Gazellenkopf.

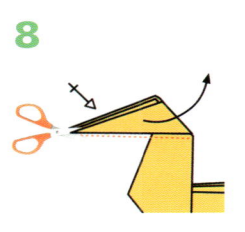

8 Schneiden Sie die erste Doppellage auf beiden Seiten ein und falten Sie die Hörner.

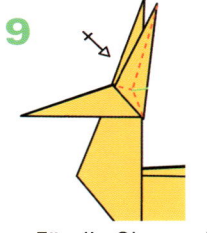

9 Für die Ohrenspitzen nehmen Sie eine Hasenohrfaltung.

10 Verkürzen Sie das Maul mit einer Gegenbruchfalte nach innen.

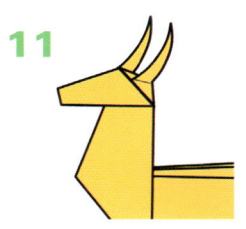

11 Die Hörner werden leicht gerundet.

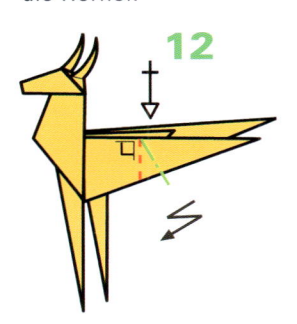

12 Die hinteren Spitzen kommen als Beine nach unten.

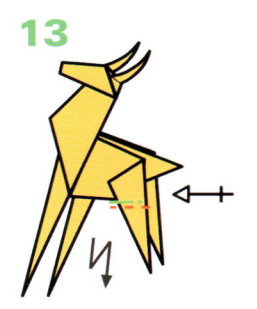

13 Eine einfache Zickzackfaltung für den Schenkel.

14 Verkürzen Sie die Vorderläufe auf die passende Länge.

15

Schafbock

Stufe ■ ■ ☐ ☐ ☐

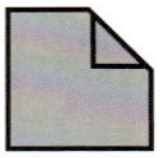

Papier: 21 x 21 cm und + Unipapier

Es geht los mit **Schritt 6 der Gazelle** auf S. 75.

Der Schafbock und der Hund sind Varianten der Gazelle. Durch die veränderten Körperproportionen entsteht der charakteristische Ausdruck.

1

Mit einer Gegenbruchfalte nach außen formen Sie den Kopf.

2

Schneiden Sie die erste Doppellage auf jeder Seite ein.

3

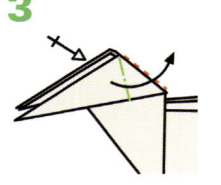

Sie falten die Ohren ...

4

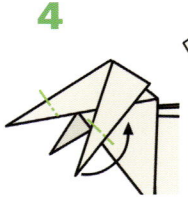

... und verkürzen sie.

5

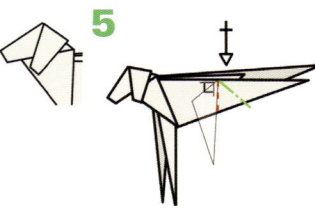

Falten Sie die Hinterbeine.

6

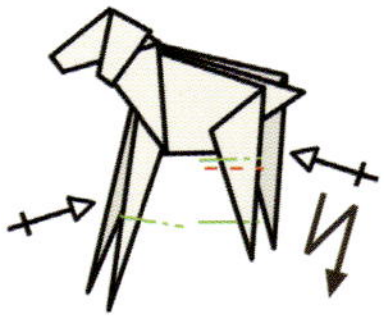

Eine einfache Zickzackfaltung für die Hinterbeine. Verkürzen Sie die Vorderbeine.

7

Hund

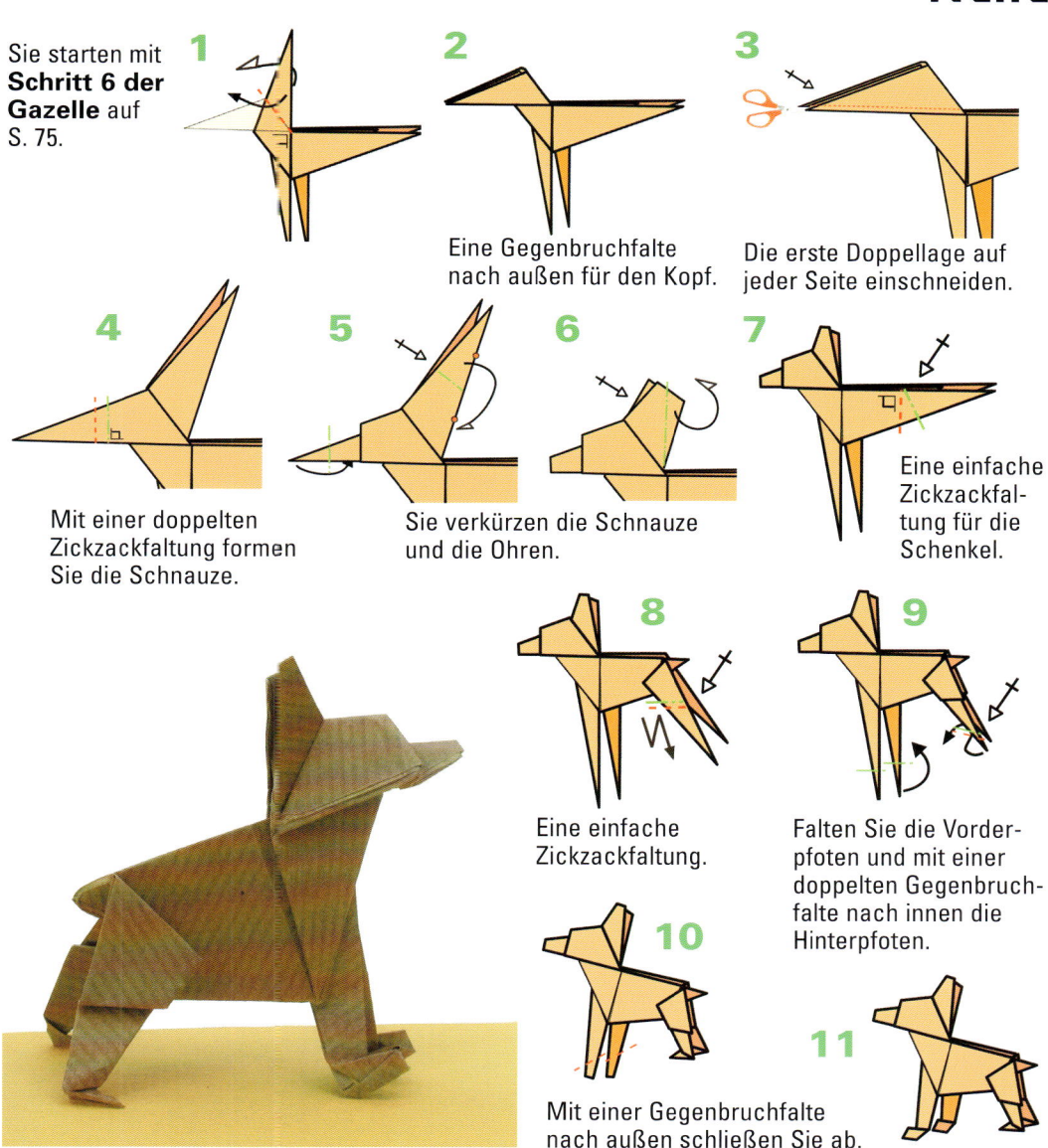

1 Sie starten mit **Schritt 6 der Gazelle** auf S. 75.

2 Eine Gegenbruchfalte nach außen für den Kopf.

3 Die erste Doppellage auf jeder Seite einschneiden.

4 Mit einer doppelten Zickzackfaltung formen Sie die Schnauze.

5 Sie verkürzen die Schnauze und die Ohren.

6

7 Eine einfache Zickzackfaltung für die Schenkel.

8 Eine einfache Zickzackfaltung.

9 Falten Sie die Vorderpfoten und mit einer doppelten Gegenbruchfalte nach innen die Hinterpfoten.

10 Mit einer Gegenbruchfalte nach außen schließen Sie ab.

11

Maus

Stufe ■ ☐ ☐ ☐ ☐

**Papier: 15 x 15 cm und +
Unipapier**

1

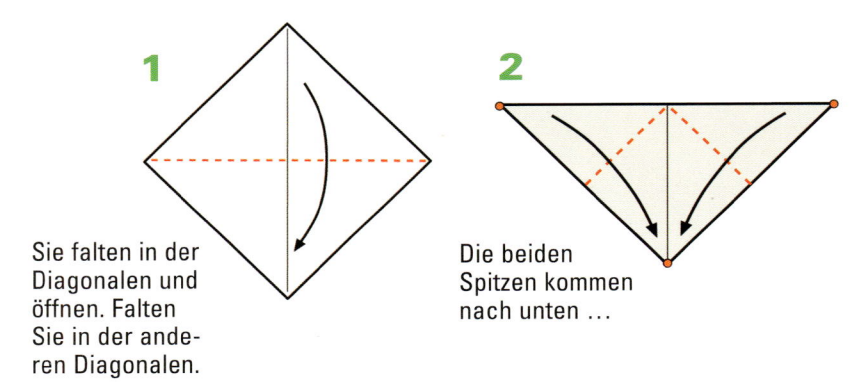

Sie falten in der Diagonalen und öffnen. Falten Sie in der anderen Diagonalen.

2

Die beiden Spitzen kommen nach unten …

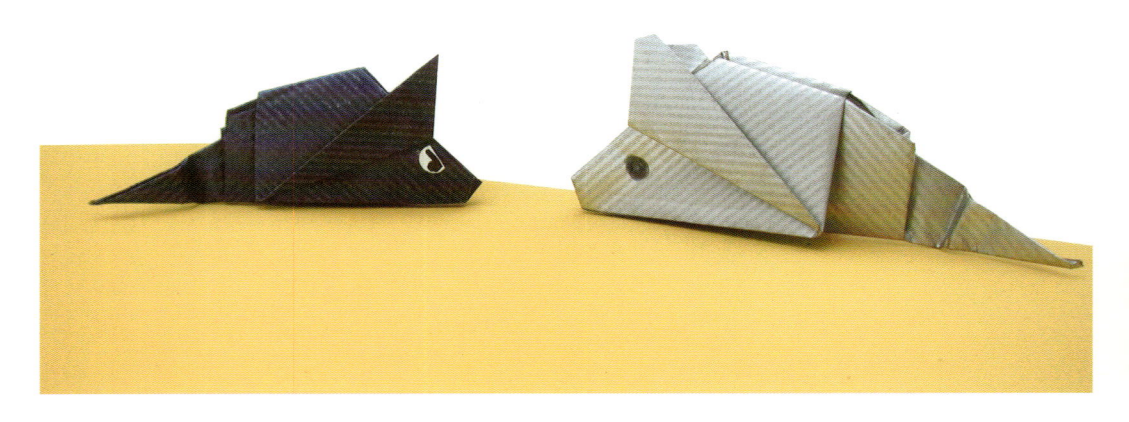

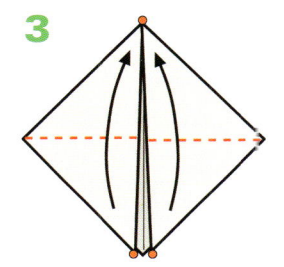

3 … und wieder nach oben.

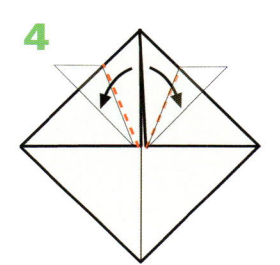

4 Sie falten nach außen.

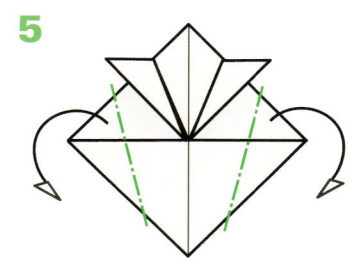

5 Falten Sie die Ecken wie angegeben.

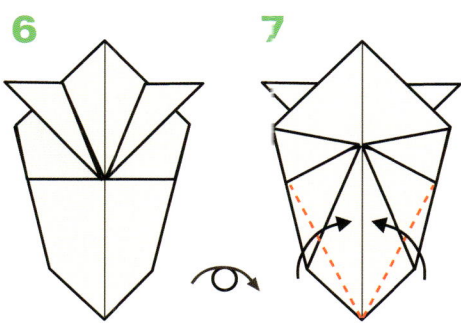

6 Sie wenden die Form.

7 Falten Sie die Ecken wie angegeben.

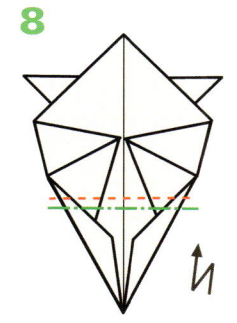

8 Führen Sie dann eine einfache Zickzackfaltung aus.

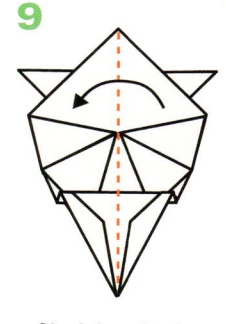

9 Sie falten in der Mitte.

10 90° Drehen Sie die Form.

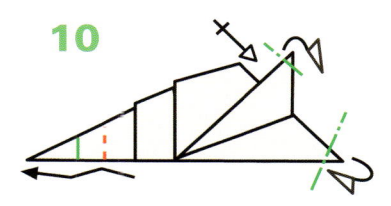

Zum Schluss gestalten Sie Ohren und Schnäuzchen mit Gegenbruchfalten nach innen. Die Ziehharmonikafaltung des Schwanzes gibt Stabilität.

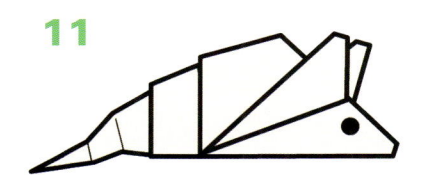

11

Kleiner Elefant

Stufe ☐ ☐ ☐ ☐ ☐

Papier: 15 x 15 cm und + Unipapier

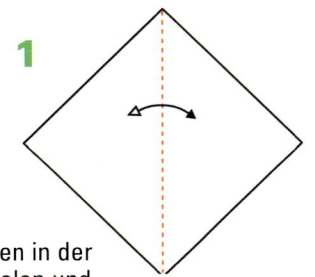

1

Sie falten in der Diagonalen und öffnen.

2

Falten Sie beide Kanten auf die Mitte.

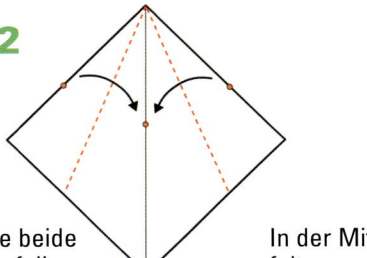

3

In der Mitte falten und drehen.

4

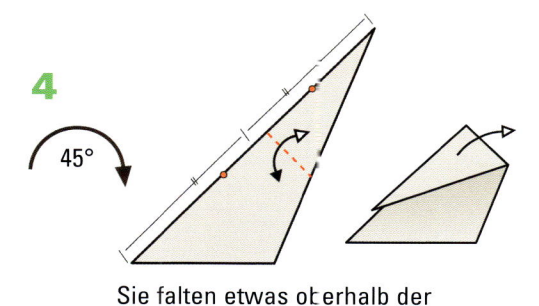

45°

Sie falten etwas oberhalb der Kantenmitte und öffnen wieder.

5

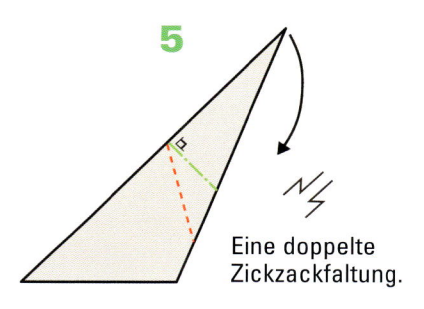

Eine doppelte Zickzackfaltung.

6

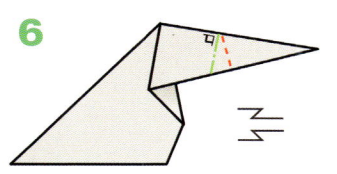

Mit einer doppelten Zickzackfaltung entsteht der Rüssel.

7

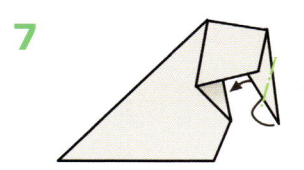

Runden Sie ihn mit einer Gegenbruchfalte nach innen ab.

8

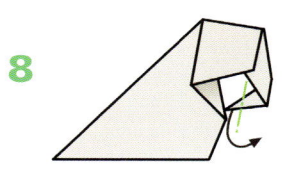

Noch eine Gegenbruchfalte nach innen.

9

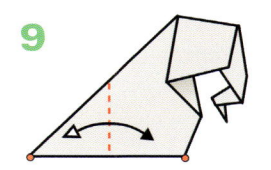

Eine doppelte Zickzackfaltung zum Abschluss.

10

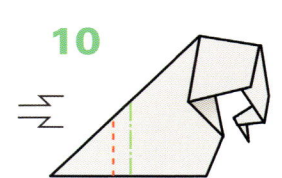

11

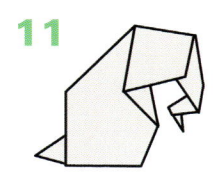

Großer Elefant

Stufe ■☐☐☐☐

Papier : 21 x 21 cm und +
Unipapier

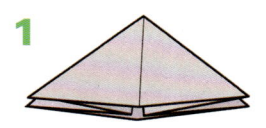

1

Sie führen **Grundform 2 (Wasserbomben-Grundform)** aus.

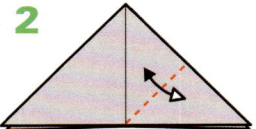

2

Falten und öffnen.

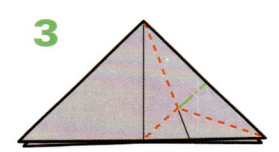

3

Eine Hasenohrfaltung.

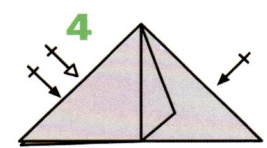

4

Sie wiederholen Schritt 2 und 3 mit den anderen drei Flügeln.

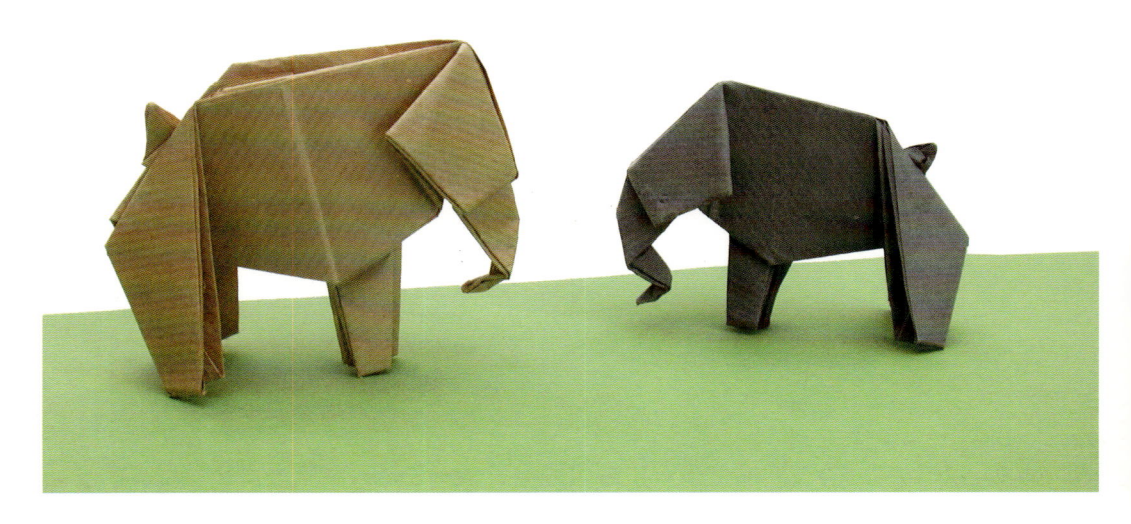

5

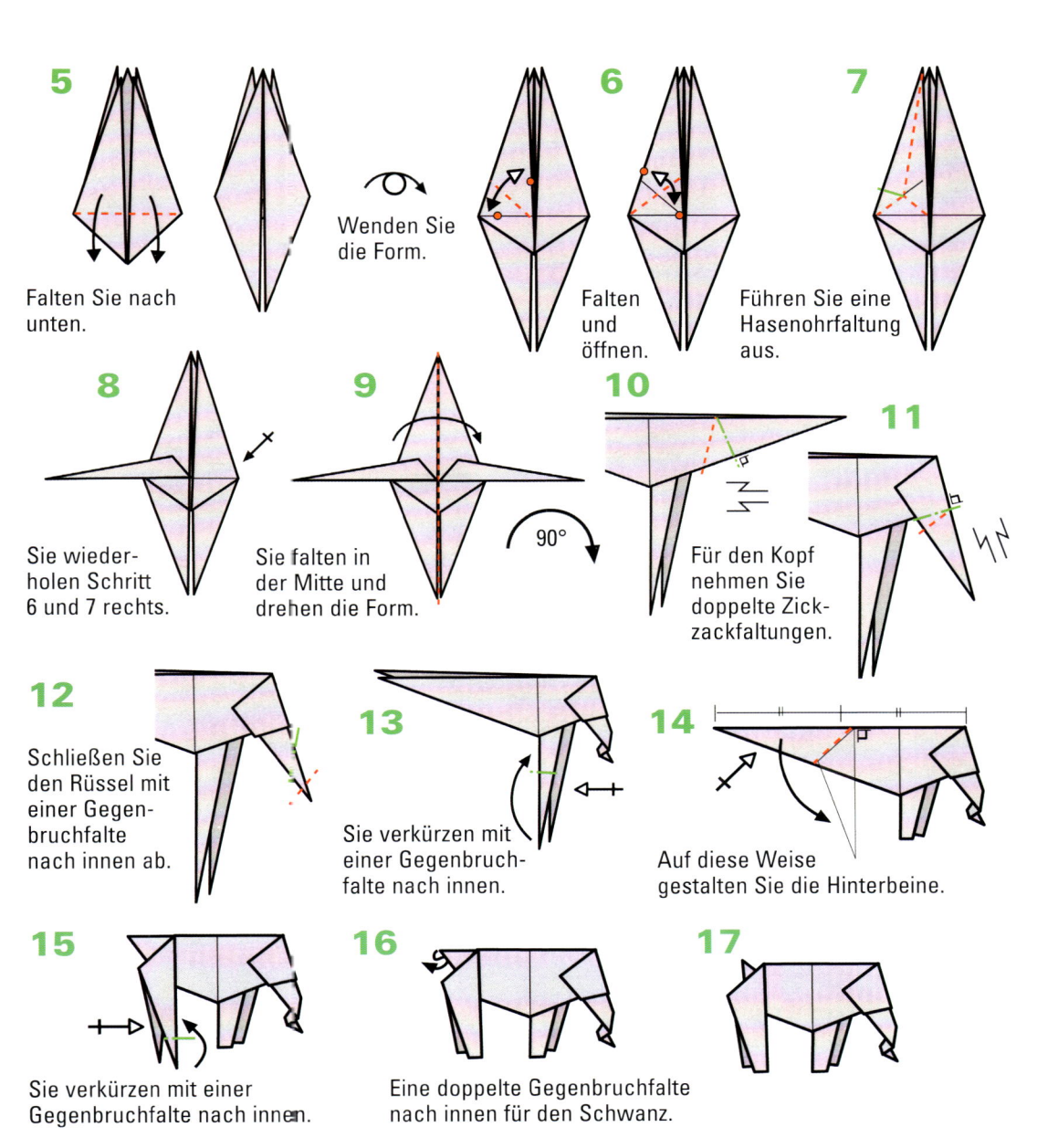

Falten Sie nach unten.

Wenden Sie die Form.

6

Falten und öffnen.

7

Führen Sie eine Hasenohrfaltung aus.

8

Sie wiederholen Schritt 6 und 7 rechts.

9

Sie falten in der Mitte und drehen die Form.

90°

10

Für den Kopf nehmen Sie doppelte Zickzackfaltungen.

11

12

Schließen Sie den Rüssel mit einer Gegenbruchfalte nach innen ab.

13

Sie verkürzen mit einer Gegenbruchfalte nach innen.

14

Auf diese Weise gestalten Sie die Hinterbeine.

15

Sie verkürzen mit einer Gegenbruchfalte nach innen.

16

Eine doppelte Gegenbruchfalte nach innen für den Schwanz.

17

83

Dinosaurier

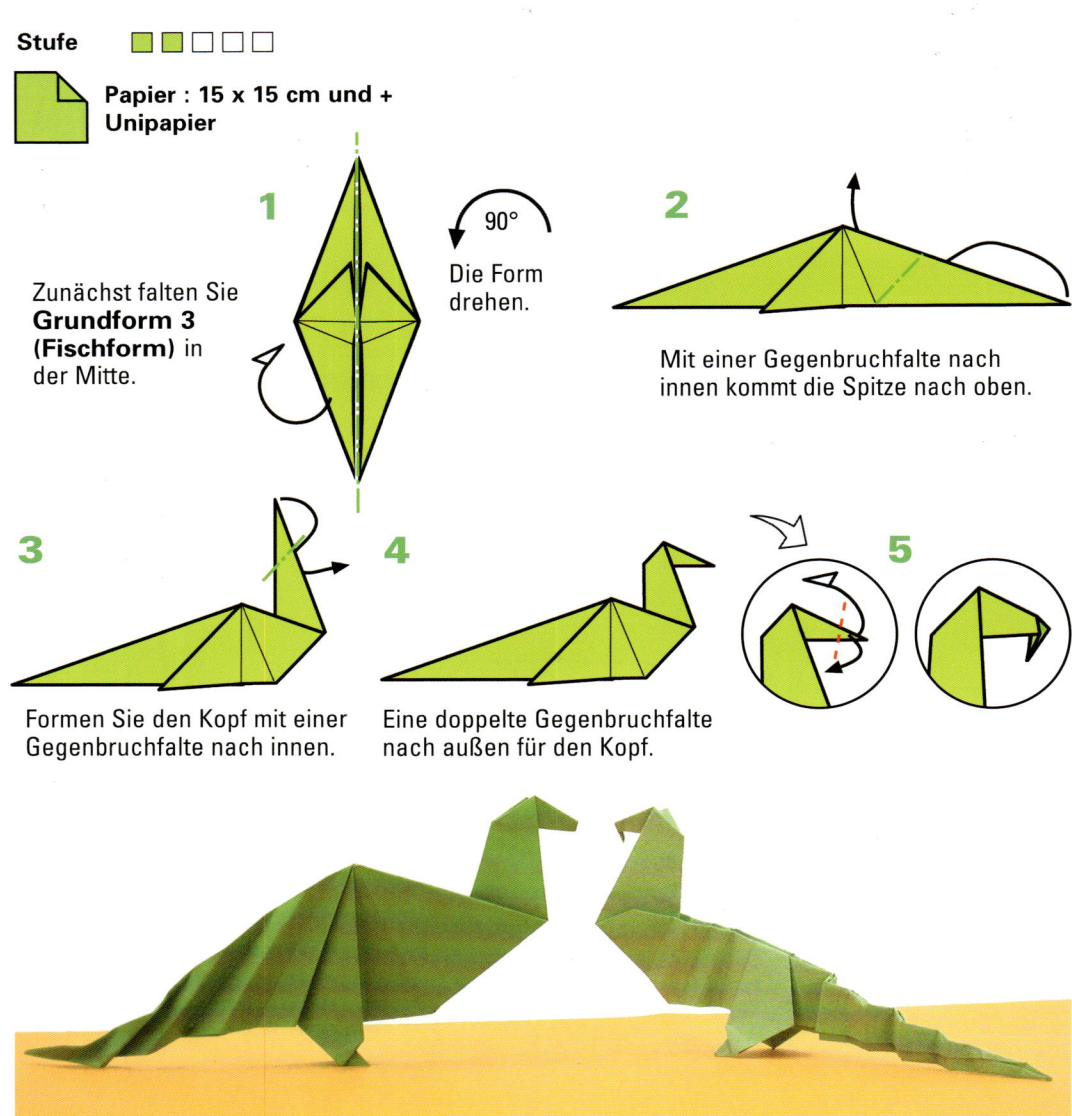

Stufe ■ ■ □ □ □

**Papier : 15 x 15 cm und +
Unipapier**

1

Zunächst falten Sie **Grundform 3 (Fischform)** in der Mitte.

90°
Die Form drehen.

2

Mit einer Gegenbruchfalte nach innen kommt die Spitze nach oben.

3

Formen Sie den Kopf mit einer Gegenbruchfalte nach innen.

4

Eine doppelte Gegenbruchfalte nach außen für den Kopf.

5

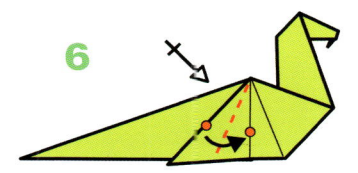

6 Klappen Sie den Flügel auf Vorder- und Rückseite um.

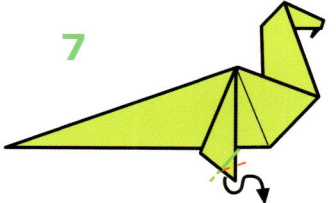

7 Beenden Sie die Füße mit einer Zickzackfaltung.

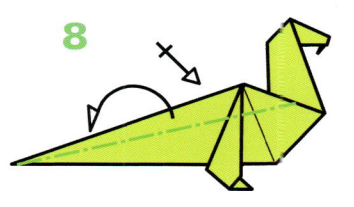

8 So wird der Körper schlanker.

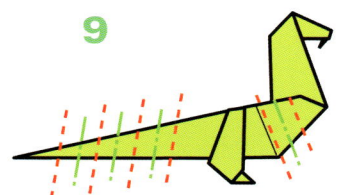

9 Führen Sie mehrere Ziehharmonikafaltungen aus.

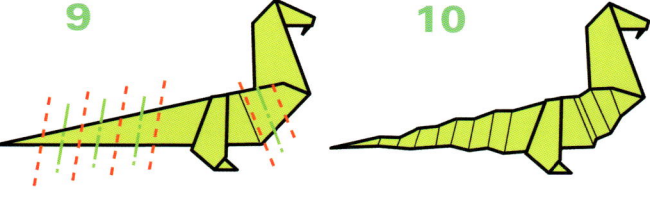

10

Variante

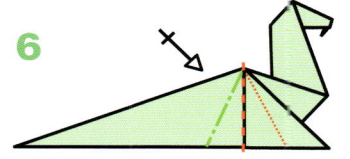

6 Sie führen Schritt 1 bis 5 aus. Der Flügel entsteht mit einer Pressfaltung.

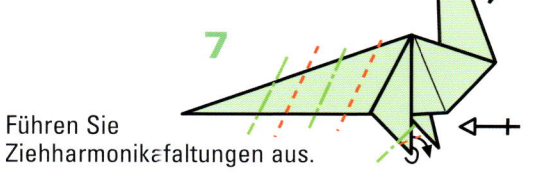

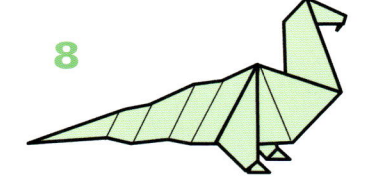

7 Führen Sie Ziehharmonikafaltungen aus.

8

Tyrannosaurus

Stufe ■■■□□

Papier : 21 x 21 cm und + Unipapier

1

2

3

Erstellen Sie zunächst **Grundform 1.** Sie falten und öffnen.

Anhand des Falzes führen Sie eine Pressfaltung aus.

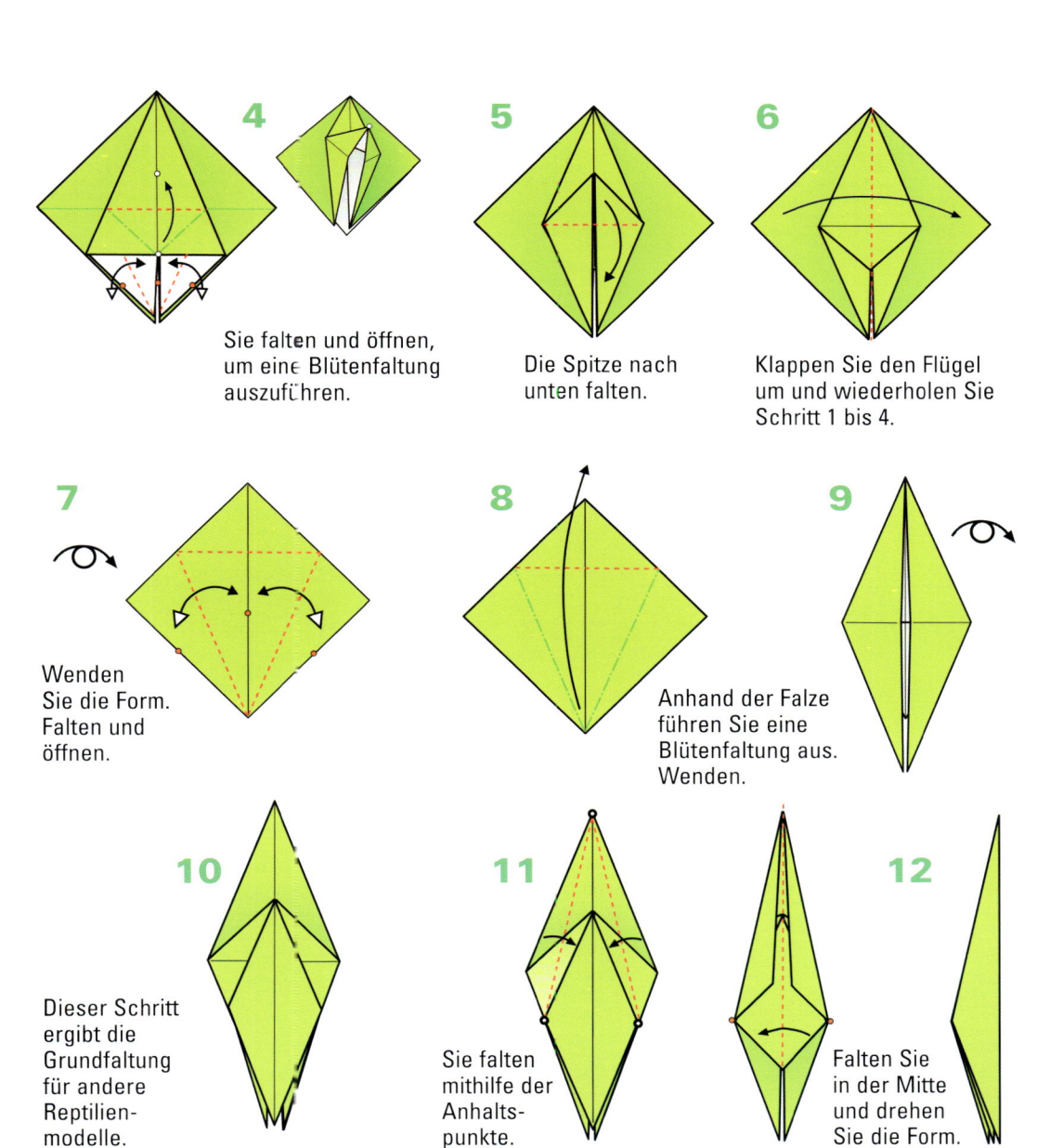

4 Sie falten und öffnen, um eine Blütenfaltung auszuführen.

5 Die Spitze nach unten falten.

6 Klappen Sie den Flügel um und wiederholen Sie Schritt 1 bis 4.

7 Wenden Sie die Form. Falten und öffnen.

8 Anhand der Falze führen Sie eine Blütenfaltung aus. Wenden.

9

10 Dieser Schritt ergibt die Grundfaltung für andere Reptilienmodelle.

11 Sie falten mithilfe der Anhaltspunkte.

12 Falten Sie in der Mitte und drehen Sie die Form.

87

Tyrannosaurus (Fortsetzung)

13

90°

Falten Sie die obere und untere Spitze im rechten Winkel.

14

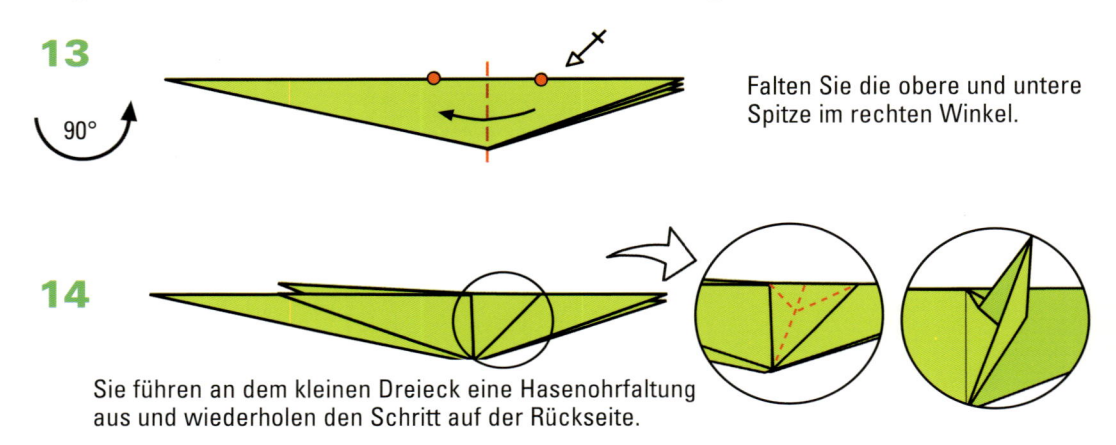

Sie führen an dem kleinen Dreieck eine Hasenohrfaltung aus und wiederholen den Schritt auf der Rückseite.

15

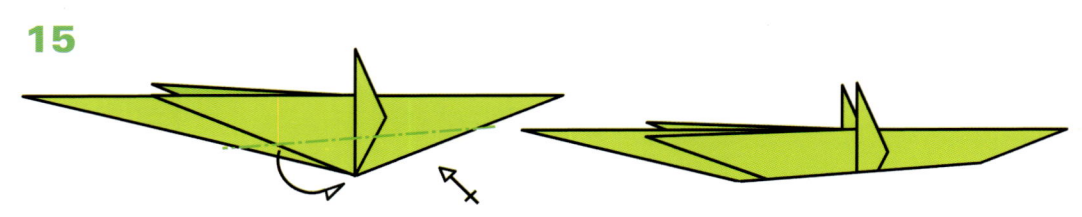

Falten Sie auf Vorder- und Rückseite.

16

Die Spitzen kommen als Vorderbeine nach unten.

17

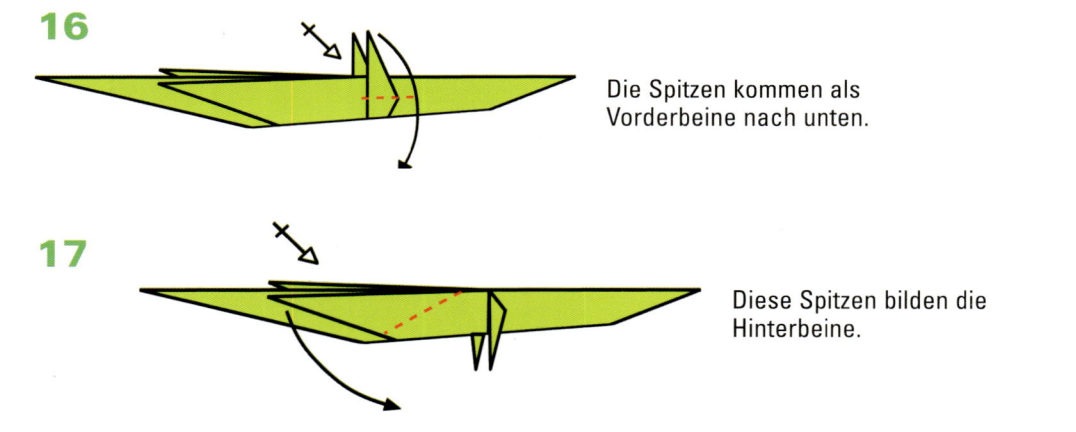

Diese Spitzen bilden die Hinterbeine.

18

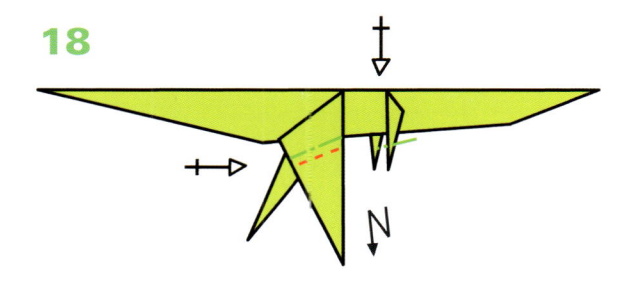

Führen Sie an beiden Hinterbeinen eine einfache Zickzackfaltung aus. Mit einer Gegenbruchfalte nach innen werden die Vorderbeine abgeschlossen.

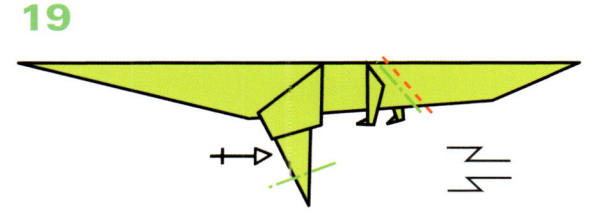

19

Für den Hals verwenden Sie eine doppelte Zickzackfaltung und für die Füße eine Gegenbruchfalte nach innen.

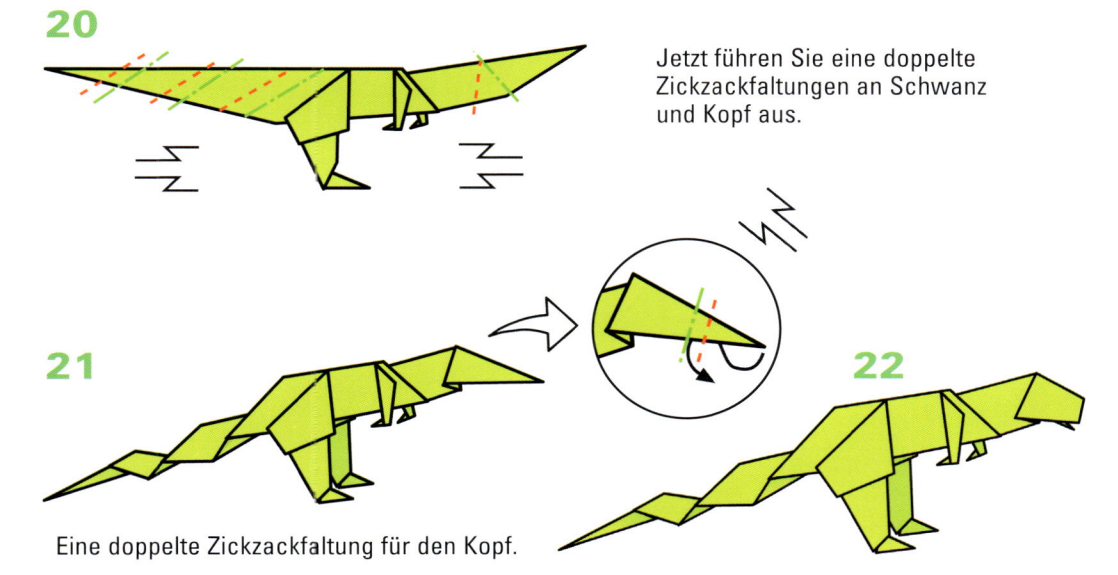

20

Jetzt führen Sie eine doppelte Zickzackfaltungen an Schwanz und Kopf aus.

21

Eine doppelte Zickzackfaltung für den Kopf.

22

Velociraptor

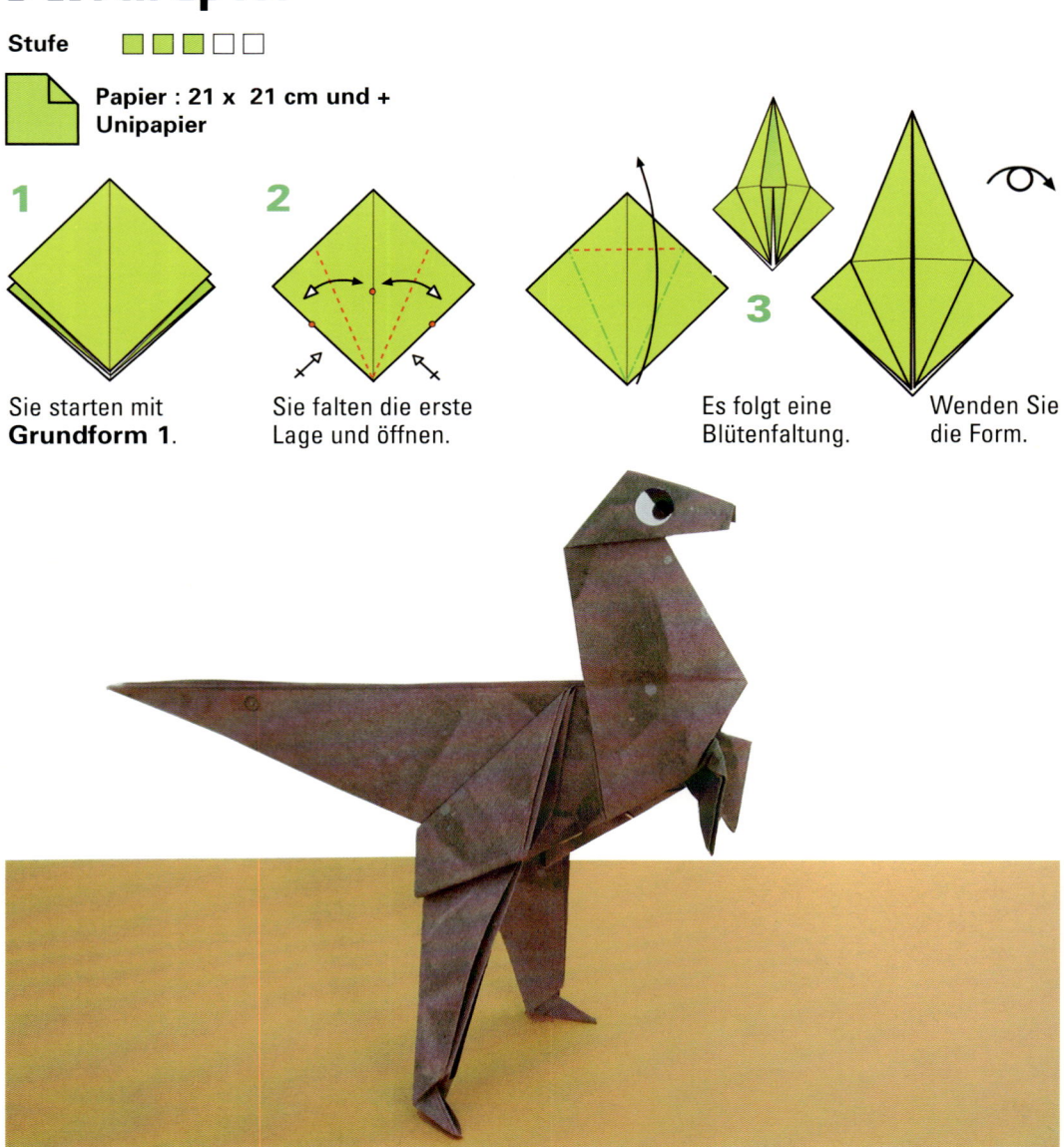

Stufe

Papier : 21 x 21 cm und + Unipapier

1 Sie starten mit **Grundform 1**.

2 Sie falten die erste Lage und öffnen.

Es folgt eine Blütenfaltung.

3 Wenden Sie die Form.

90

4

Wiederholen Sie Schritt 2 und 3.

5

Falten und öffnen.

6

Eine Hasenohrfaltung.

7

Sie falten in der Mitte und drehen.

8

Führen Sie eine Gegenbruchfalte nach innen aus.

9

So entstehen die Beine. Den Winkel sehen Sie bei Schritt 10.

10

Eine Gegenbruchfalte nach außen für den Kopf.

12

Verkürzen Sie das Maul. Mit doppelten Gegenbruchfalten nach innen formen Sie die Füße.

11

Schneiden Sie die Vorderfüße entzwei.

13

Den Bauch verkürzen.

14

Gestalten Sie die Velociraptorbeine.

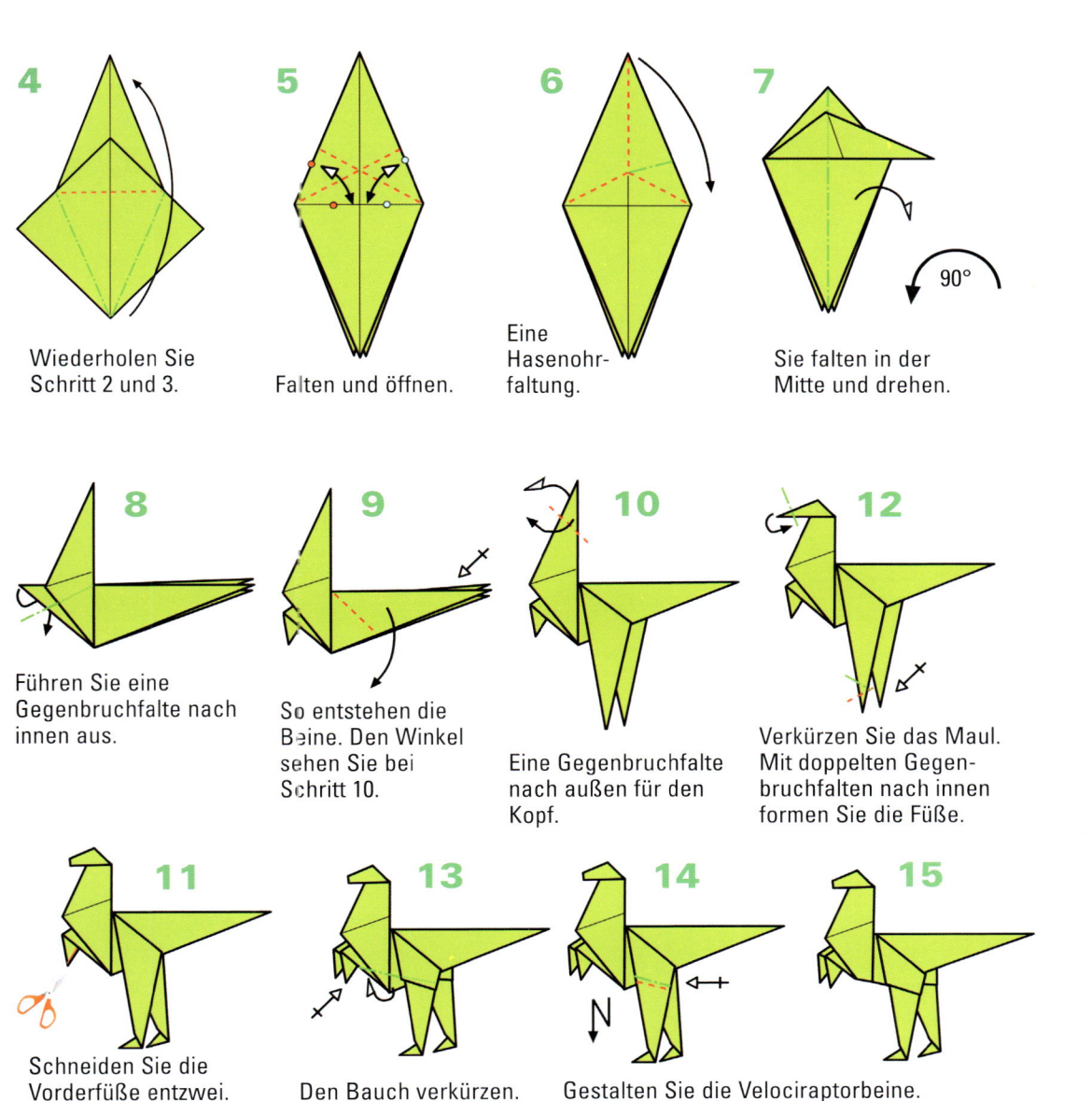

15

Schlange

Stufe ☐☐☐☐☐

Papier : 15 x 15 cm und +
Unipapier

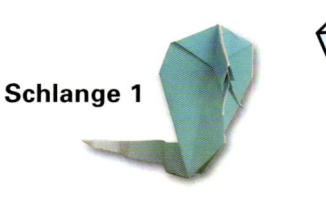

Schlange 1

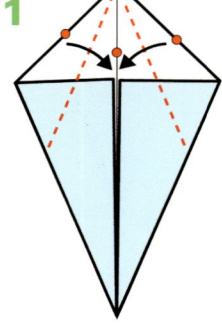

1 Es geht los mit **Grundform 4 (Drachenform)**.

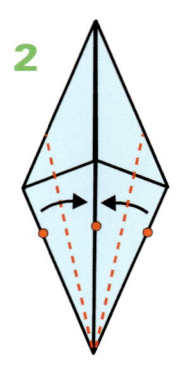

2 Die Ecken falten.

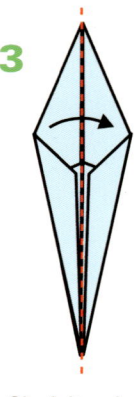

3 Sie falten in der Mitte.

1

2

92

4 Sie fa ten im rechten Winkel und öffnen.

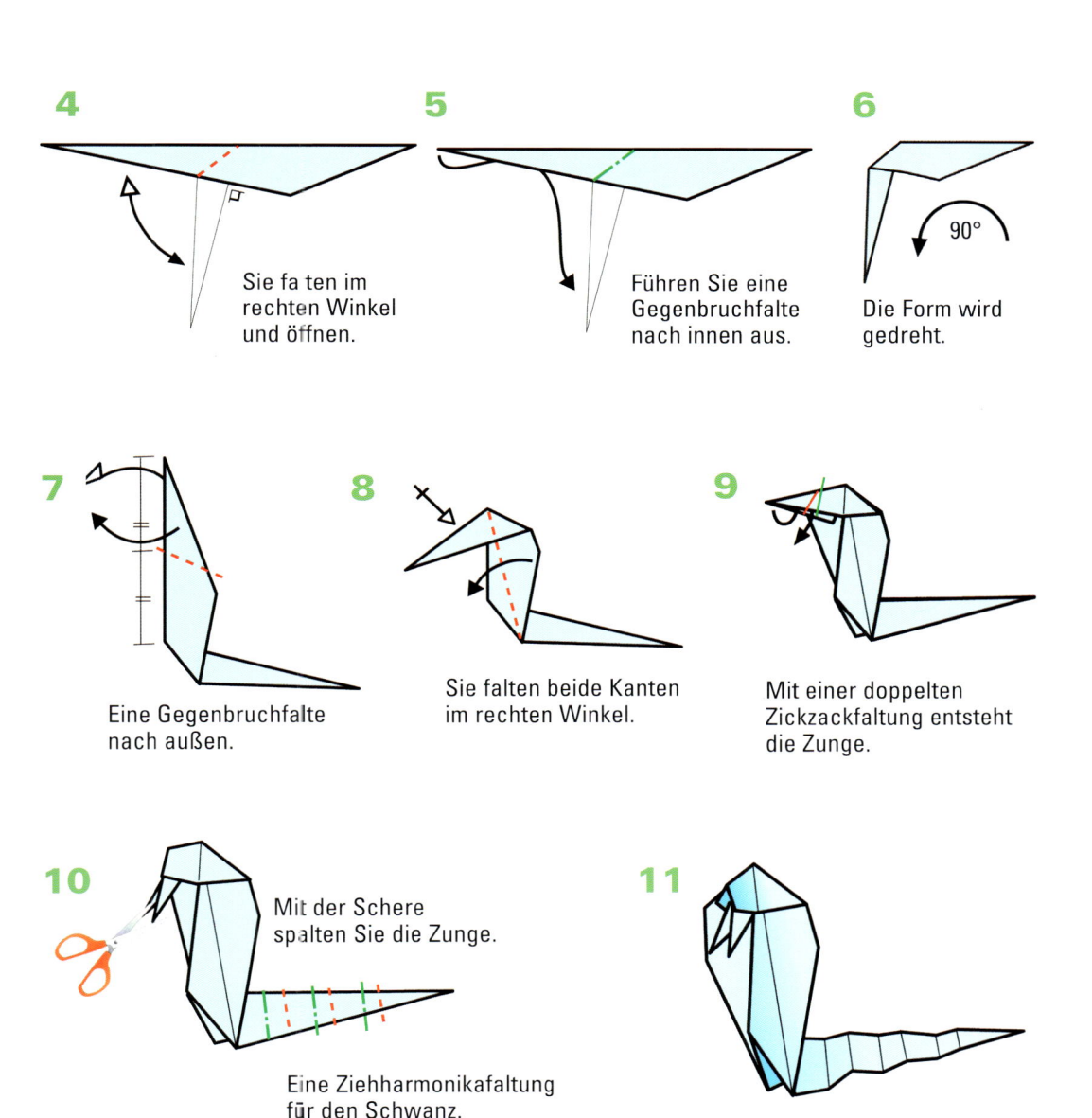

5 Führen Sie eine Gegenbruchfalte nach innen aus.

6 Die Form wird gedreht. 90°

7 Eine Gegenbruchfalte nach außen.

8 Sie falten beide Kanten im rechten Winkel.

9 Mit einer doppelten Zickzackfaltung entsteht die Zunge.

10 Mit der Schere spalten Sie die Zunge. Eine Ziehharmonikafaltung für den Schwanz.

11

Schlange

Stufe ■ □ □ □ □

Papier : 15 x 15 cm und + Duopapier

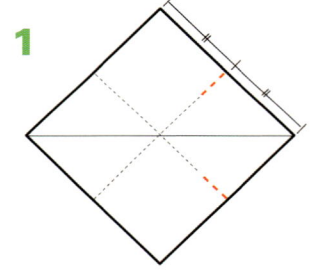

Schlange 2

1 Sie markieren die Mitte zweier Kanten.

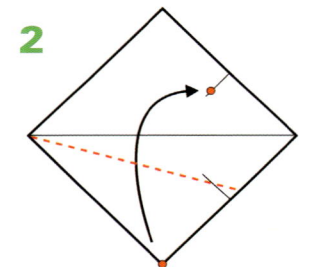

2 Falten Sie eine Ecke auf die Markierung.

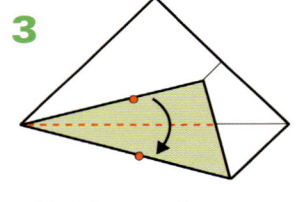

3 Sie falten nach unten.

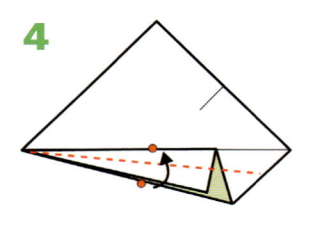

4 Alle Lagen nach oben falten.

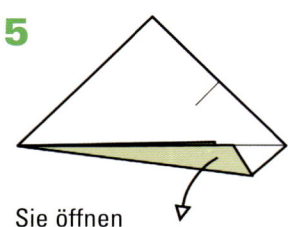

5 Sie öffnen wieder.

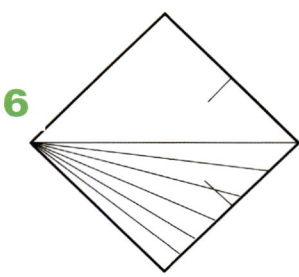

6 Wiederholen Sie Schritt 1 bis 5 mit der anderen Hälfte.

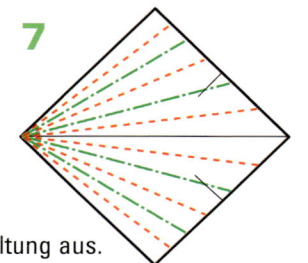

7 Führen Sie eine Ziehharmonikafaltung aus.

8 In der Mitte falten.

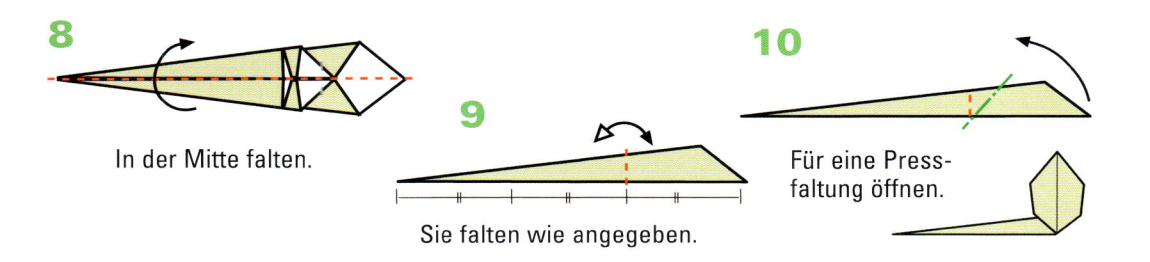

9 Sie falten wie angegeben.

10 Für eine Pressfaltung öffnen.

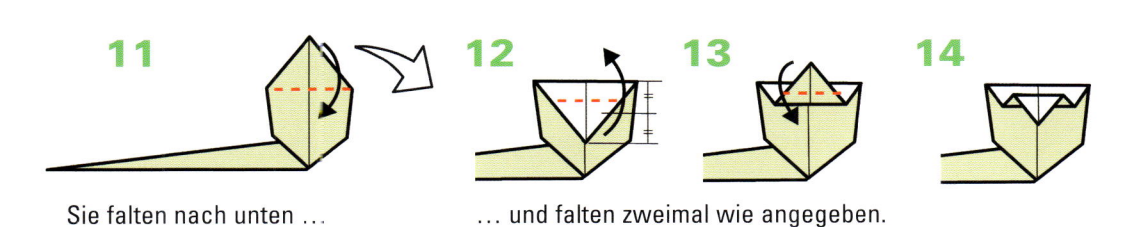

11 Sie falten nach unten …

12 … und falten zweimal wie angegeben.

13

14

15 Mit einer Gegenbruchfalte nach innen formen Sie die Zunge.

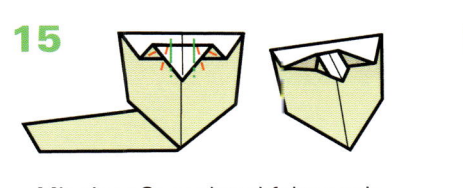

16 Falten Sie die Ecken nach hinten.

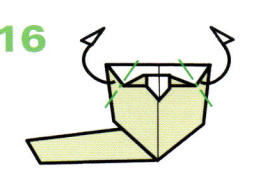

17 So wird der Kopf schmaler.

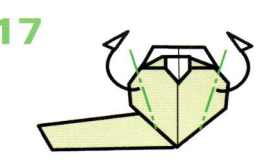

18 Eine Ziehharmonikafaltung für den Schwanz.

19

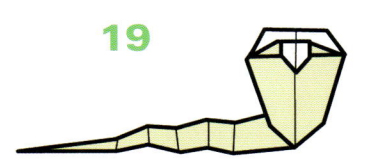

Springfrosch

Stufe ▰ ▢ ▢ ▢ ▢

**Papier : 15 x 15 cm und +
Unipapier**

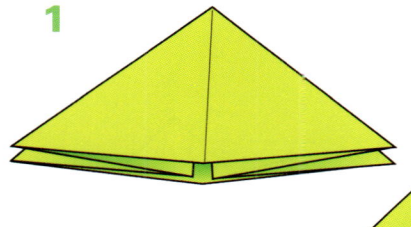

1 Sie führen **Grundform 2 (Wasserbomben-Grundform)** aus.

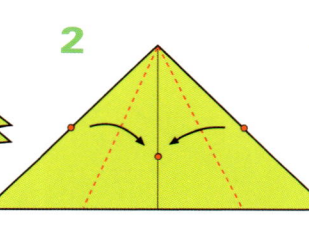

2 Falten Sie die erste Lage der Kanten zur Mitte.

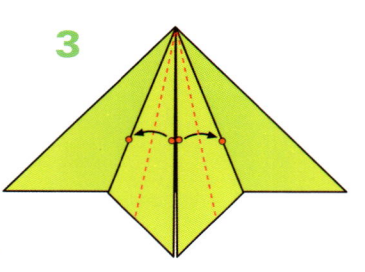

3 Sie falten beide Flügel in der Mitte …

4 … und erhalten diese Form.

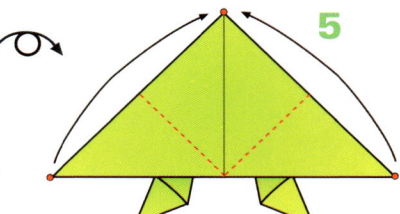

5 Wenden Sie die Form und falten Sie die Spitzen nach oben.

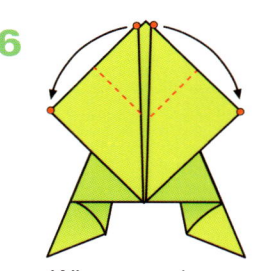

6 Wie angegeben falten.

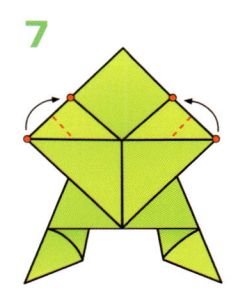

7 Die Spitzen nach oben …

8 … und so sieht die Form aus.

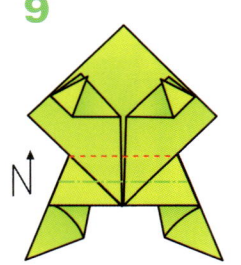

9 Eine einfache Zickzackfaltung.

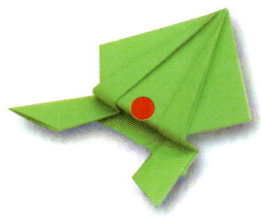

Wenn Sie auf den Punkt drücken, springt der Frosch los.

Kröte

Kröte ■ □ □ □ □

Papier : 15 x 15 cm und +
Unipapier

1

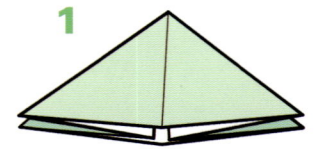

Es geht los mit **Grundform 2 (Wasserbomben-Grundform)**.

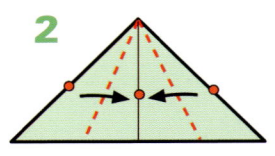

2

Sie falten die Kanten zur Mitte.

3 Falten Sie beide Flügel wie angegeben.

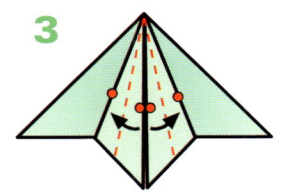

4 Die Form wenden.

5 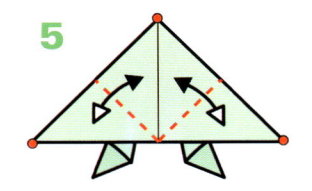 Sie falten und öffnen.

6 Sie falten und öffnen erneut.

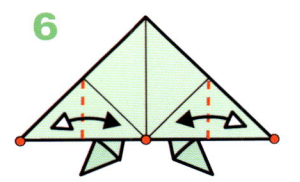

7 Wieder falten und öffnen.

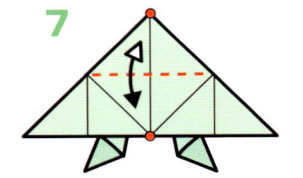

8 Falten Sie anhand der entstandenen Berg- und Talfalze.

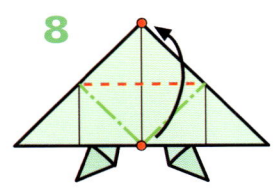

9 Sie bringen beide Ecken mit einer Pressfaltung nach oben.

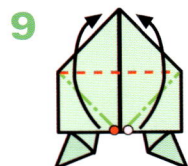

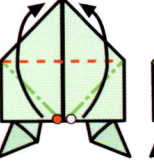

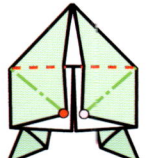

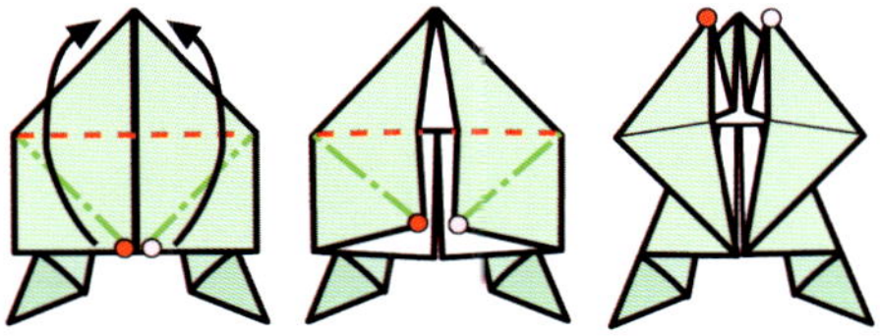

10 Sie falten beide Flügel.

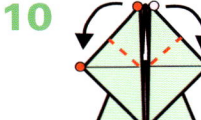

11 Und noch einmal.

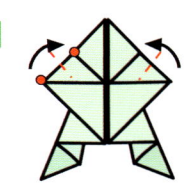

12 Mit einer einfachen Zickzack-faltung erhält die Kröte Sprungkraft.

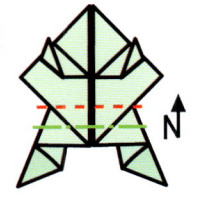

13 Die Form wenden.

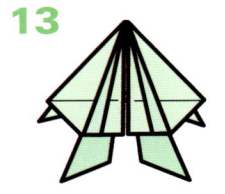

14 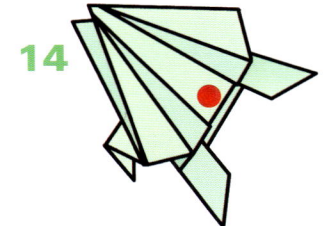 Drücken Sie auf den Punkt – und schon hüpft die Kröte.

Pinguin

Stufe ■ ☐ ☐ ☐ ☐

**Papier : 15 x 15 cm und +
Duopapier**

100

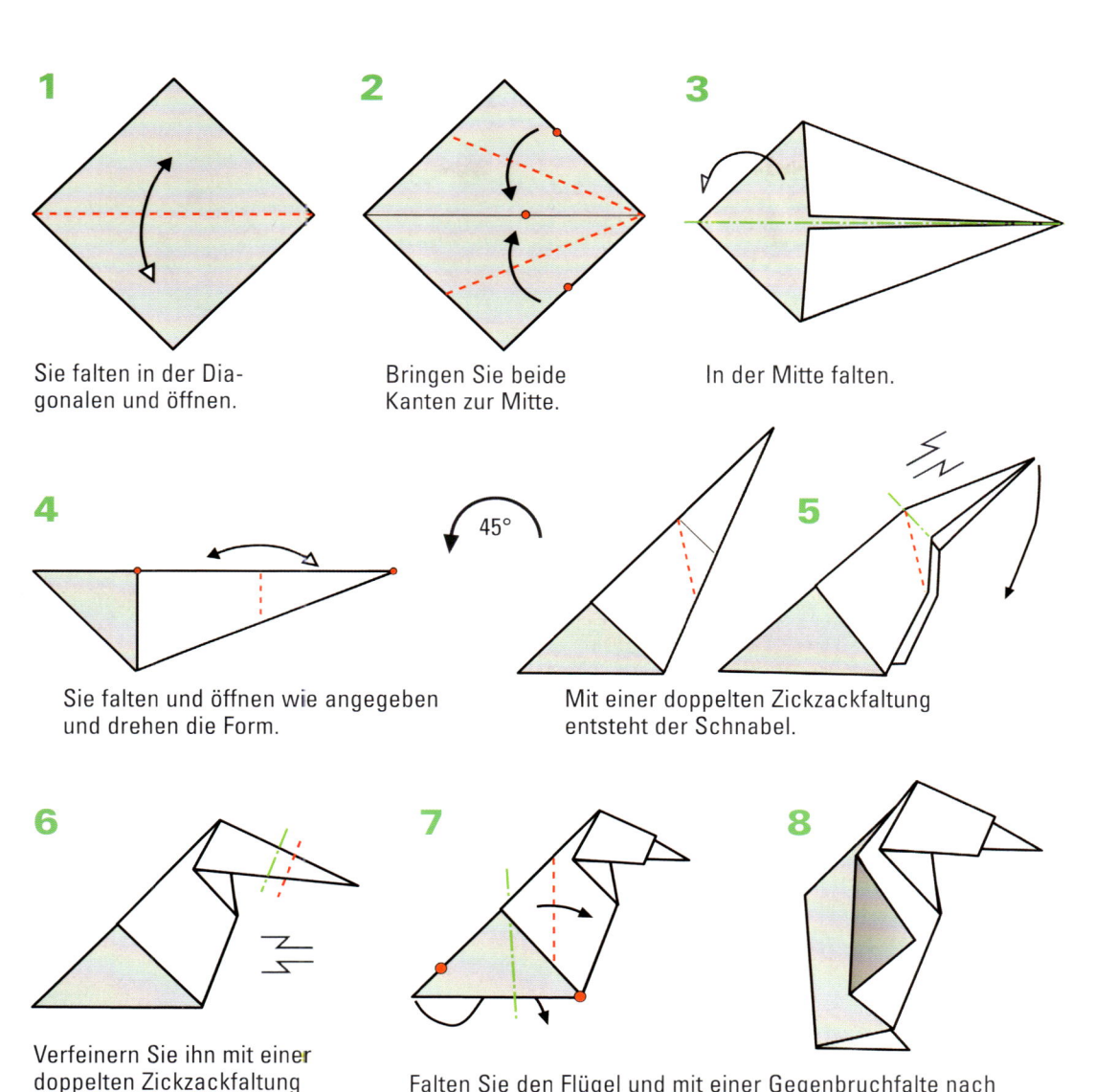

1 Sie falten in der Diagonalen und öffnen.

2 Bringen Sie beide Kanten zur Mitte.

3 In der Mitte falten.

4 Sie falten und öffnen wie angegeben und drehen die Form.

5 Mit einer doppelten Zickzackfaltung entsteht der Schnabel.

6 Verfeinern Sie ihn mit einer doppelten Zickzackfaltung

7 Falten Sie den Flügel und mit einer Gegenbruchfalte nach innen die Füße. Für gute Stabilität wird die Bergfalte leicht zur Vertikalen versetzt. Bringen Sie die beiden roten Punkte aufeinander, dann kann der Pinguin gut stehen.

8

Robbe und Walross

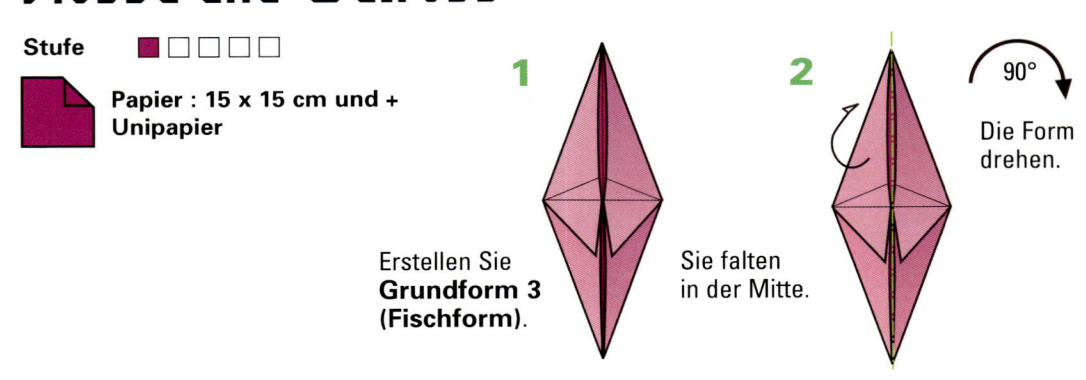

Stufe ■☐☐☐☐

**Papier : 15 x 15 cm und +
Unipapier**

1

Erstellen Sie
**Grundform 3
(Fischform)**.

2

Sie falten
in der Mitte.

90°

Die Form
drehen.

102

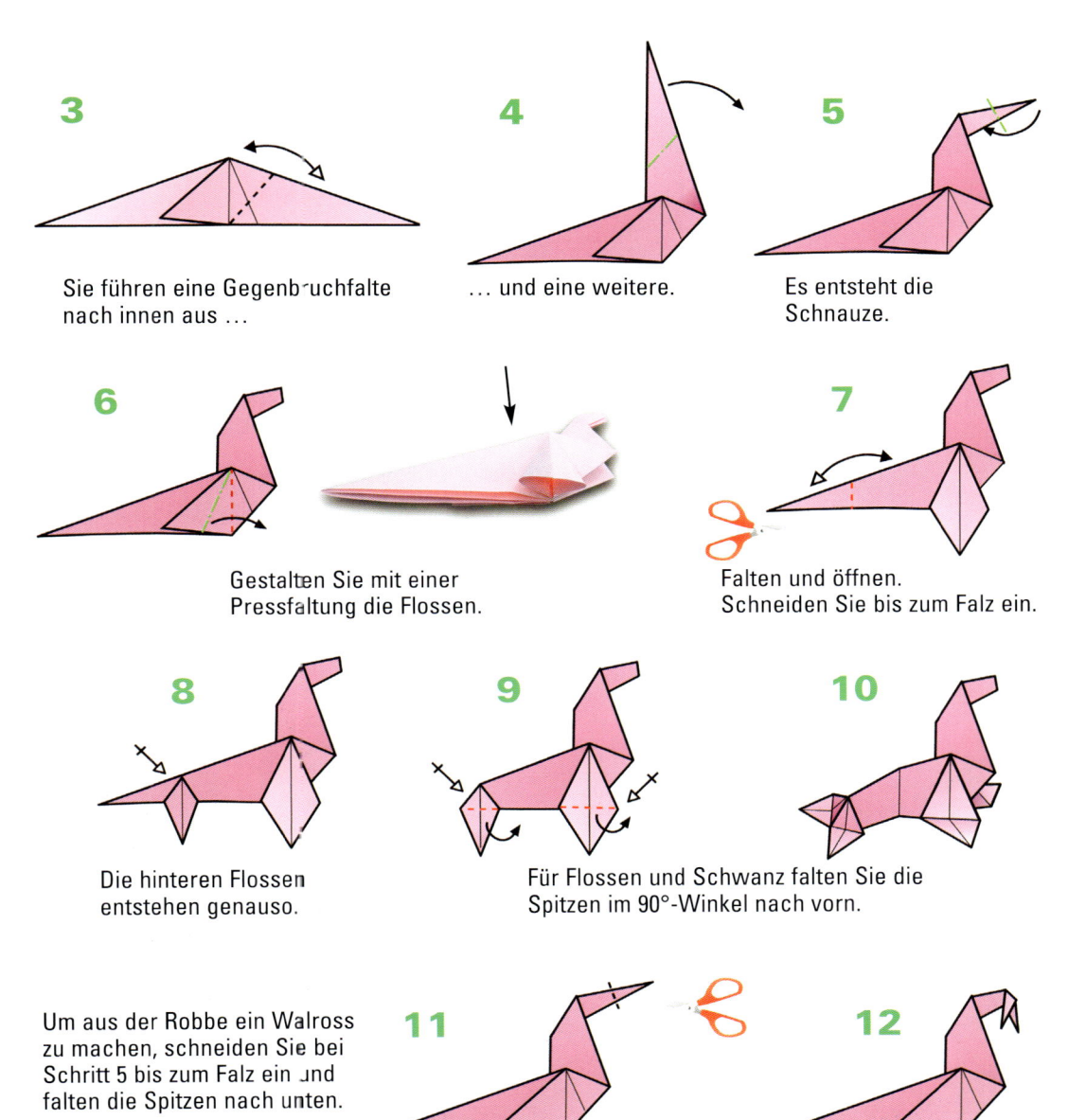

3

Sie führen eine Gegenbuchfalte nach innen aus …

4

… und eine weitere.

5

Es entsteht die Schnauze.

6

Gestalten Sie mit einer Pressfaltung die Flossen.

7

Falten und öffnen. Schneiden Sie bis zum Falz ein.

8

Die hinteren Flossen entstehen genauso.

9

Für Flossen und Schwanz falten Sie die Spitzen im 90°-Winkel nach vorn.

10

Um aus der Robbe ein Walross zu machen, schneiden Sie bei Schritt 5 bis zum Falz ein und falten die Spitzen nach unten.

11

12

Fisch

Stufe ■ ■ ☐ ☐ ☐

Papier : 15 x 15 cm und +
Duopapier

1

Sie falten in der Diagonalen und öffnen. Falten Sie in der anderen Diagonalen.

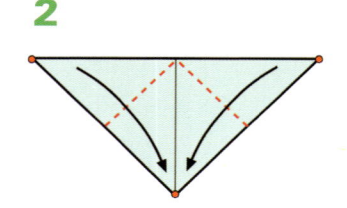

2

Die Spitzen kommen nach unten.

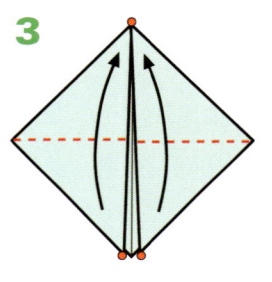

3

Falten Sie jetzt die Spitzen nach oben.

104

4 Falten und öffnen.

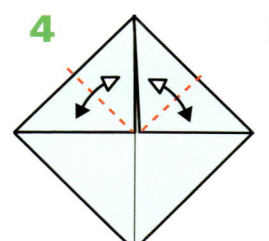

5 Anhand der entstandenen Falze falten.

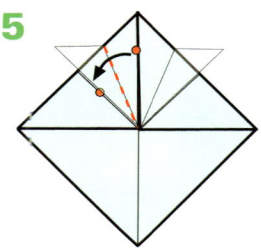

6 Anhand der entstandenen Falze falten.

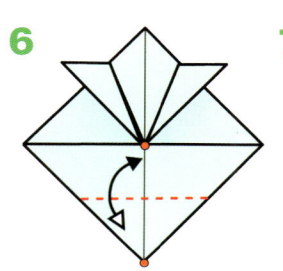

7 Anhand der entstandenen Falze falten.

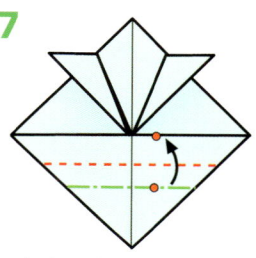

8 Sie falten.

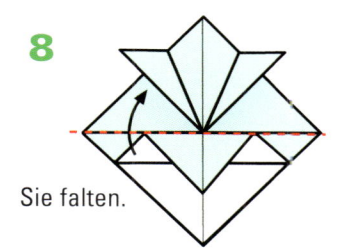

9 Schieben Sie die Hand in die Tasche, sodass die Form umklappt.

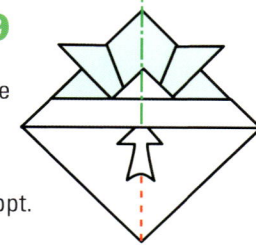

10 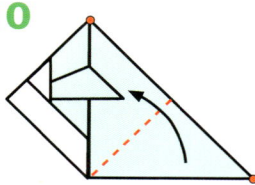 Falten Sie das Dreieck in der Mitte.

11 Sie falten und öffnen wieder zu Schritt 10.

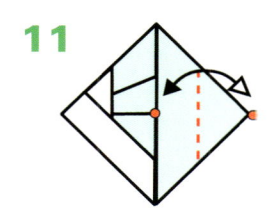

12 Schneiden Sie und schieben Sie die Hand in die Tasche.

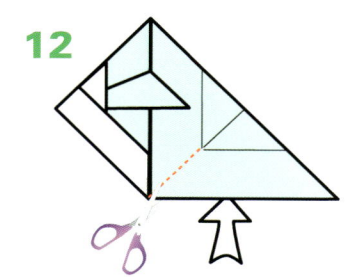

13 Falten Sie die Ecke nach hinten.

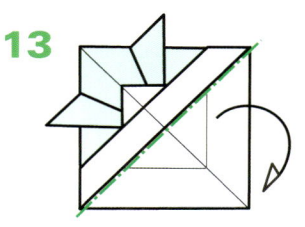

14 Sie öffnen das Modell und ziehen es anhand der Berg- und Talfalze in Form.

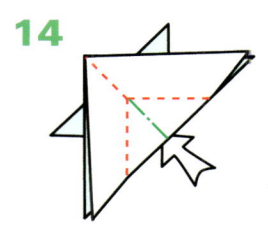

15

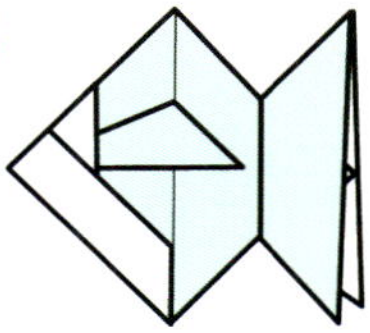

105

Kleiner Fisch

Stufe ■□□□□

Papier : 15 x 15 cm und + Duopapier

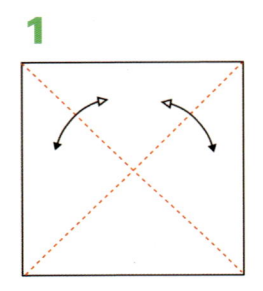

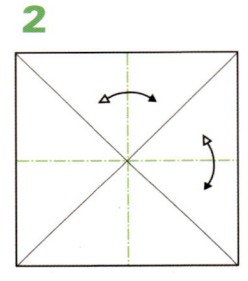

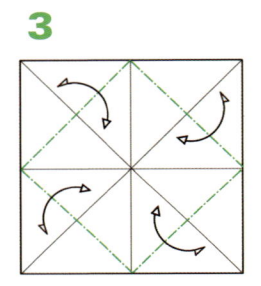

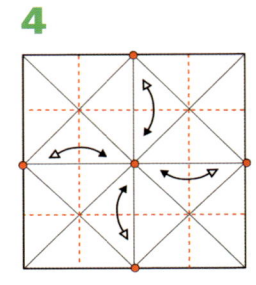

1   **2**   **3**   **4**

Führen Sie alle Faltungen der **Grundform 5 (Mühlenform)** aus.

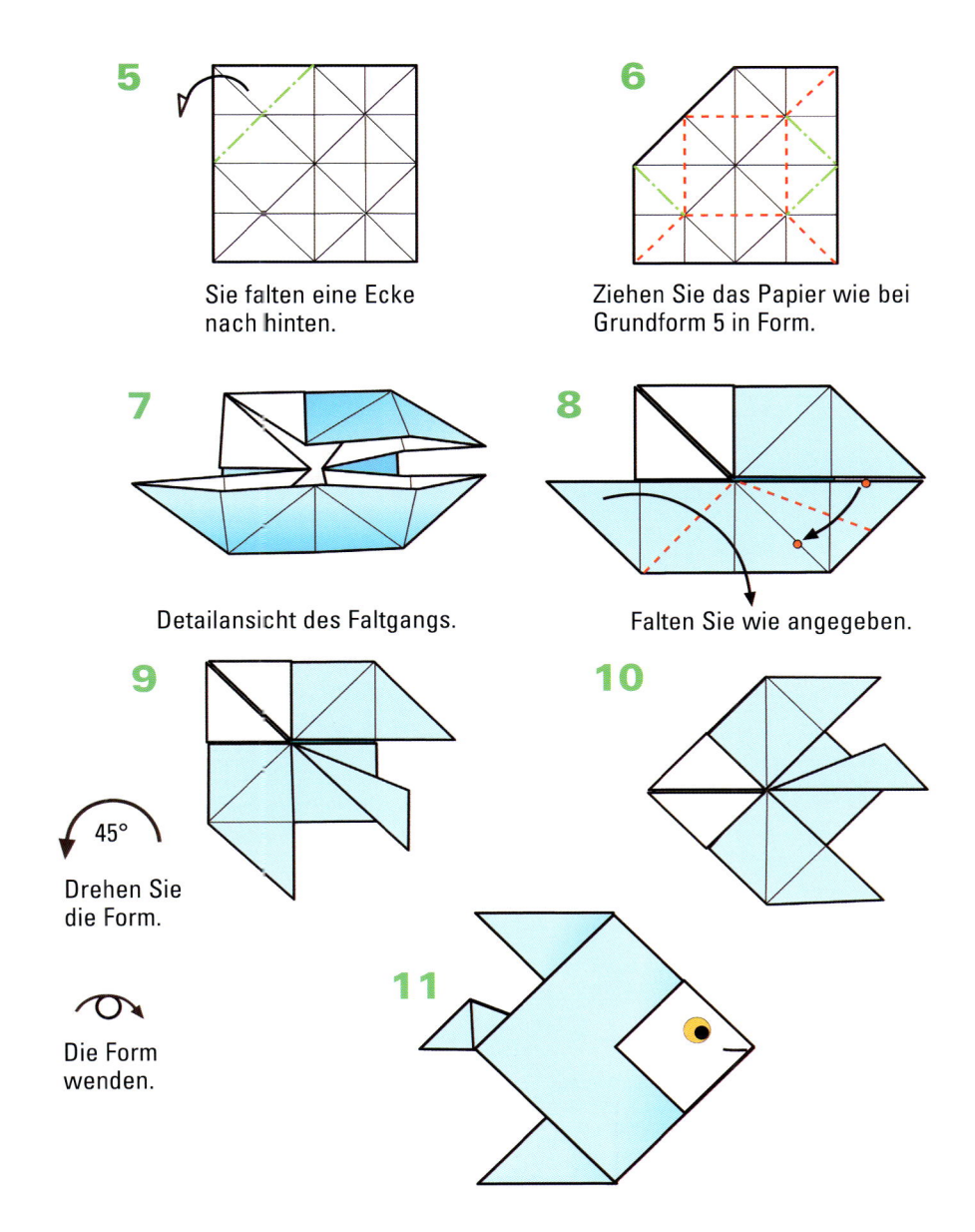

5 Sie falten eine Ecke nach hinten.

6 Ziehen Sie das Papier wie bei Grundform 5 in Form.

7 Detailansicht des Faltgangs.

8 Falten Sie wie angegeben.

9 45° Drehen Sie die Form.

Die Form wenden.

10

11

Piranha

Stufe ■■□□□

Papier : 15 x 15 cm und +
Duopapier

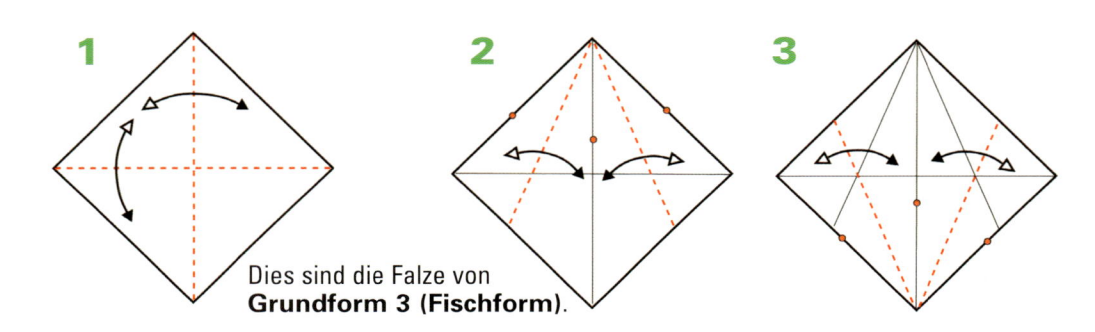

1

2

Dies sind die Falze von **Grundform 3 (Fischform)**.

3

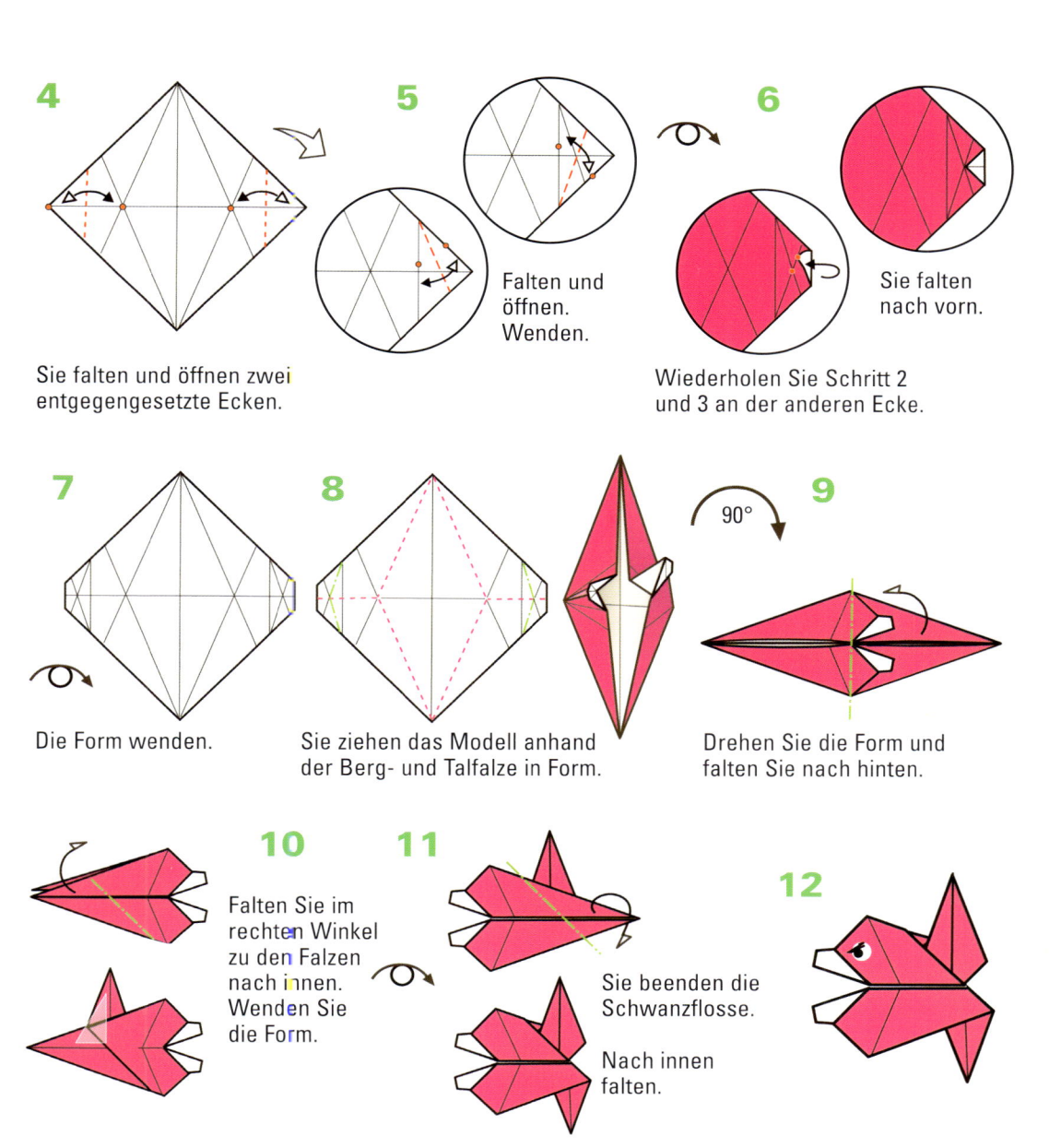

4

Sie falten und öffnen zwei entgegengesetzte Ecken.

5

Falten und öffnen. Wenden.

6

Sie falten nach vorn.

Wiederholen Sie Schritt 2 und 3 an der anderen Ecke.

7

Die Form wenden.

8

Sie ziehen das Modell anhand der Berg- und Talfalze in Form.

9

90°

Drehen Sie die Form und falten Sie nach hinten.

10

Falten Sie im rechten Winkel zu den Falzen nach innen. Wenden Sie die Form.

11

Sie beenden die Schwanzflosse.

Nach innen falten.

12

Rochen

Stufe ☐☐☐☐☐

Papier : 15 x 15 cm und + Unipapier

Rochen 1

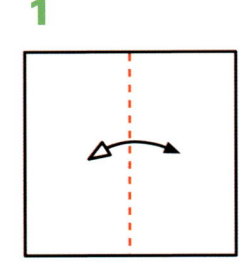

1

Sie falten in der Mitte und öffnen wieder.

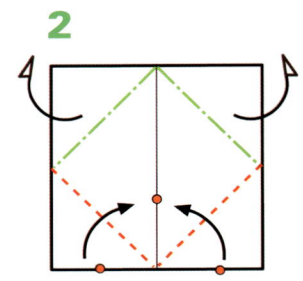

2

Falten Sie zwei Ecken nach hinten und zwei nach vorn.

3

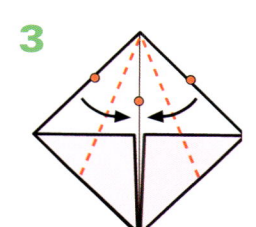

Beide Kanten falten.
Die hinteren Flügel
werden sichtbar.

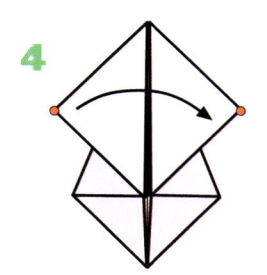

4

Nun klappen Sie einen
Flügel nach rechts.

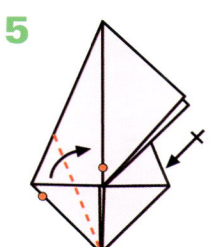

5

6

Zwei Rollenfaltungen.
Wiederholen Sie sie rechts.

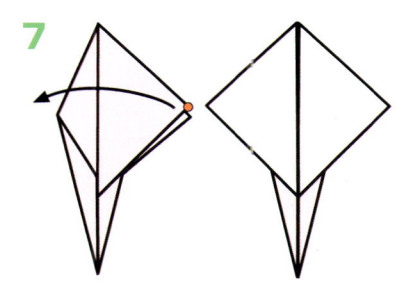

7

Sie klappen den Flügel nach links.

8

9

Sie falten und öffnen für eine einfache
Zickzackfaltung. Wenden Sie die Form.

10

Sie falten den Körper leicht
und den Schwanz kräftig auf
der Mittellinie. Führen Sie
eine Ziehharmonikafaltung
am Schwanz aus.

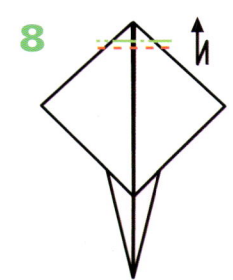

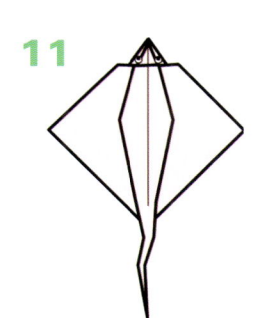

11

Rochen

Stufe ☐☐☐☐☐

Papier : 15 x 15 und + Unipapier

Rochen 2

1

Es beginnt mit **Grundform 3 (Fischform)**.

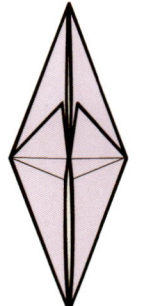

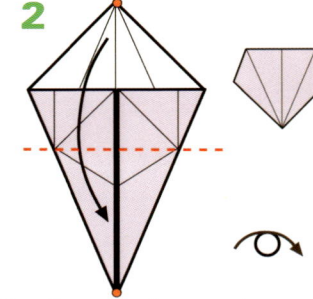

2

Sie öffnen die Form und schließen die unteren Flügel. Falten Sie und wenden Sie.

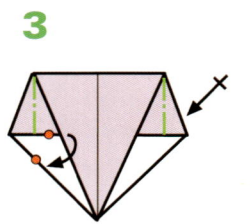

3

Durch die Bergfalten entstehen zwei neue Ecken.

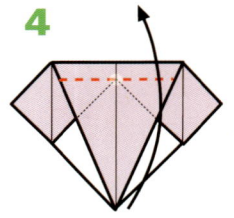

4

Die Spitze kommt nach oben.

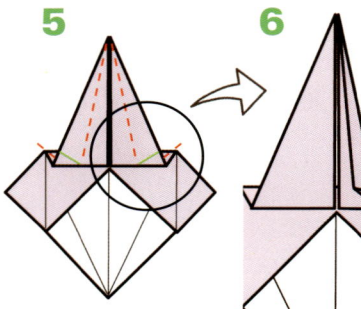

5

Falten und öffnen.

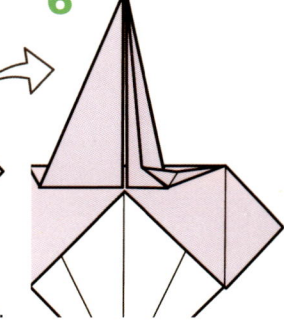

6

Anhand von Berg- und Talfalz in Form ziehen.

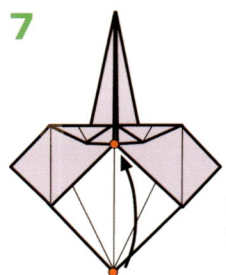

7

Sie falten die Spitze nach oben.

8 Wenden Sie die Form.

9 Sie falten wie angegeben und öffnen wieder.

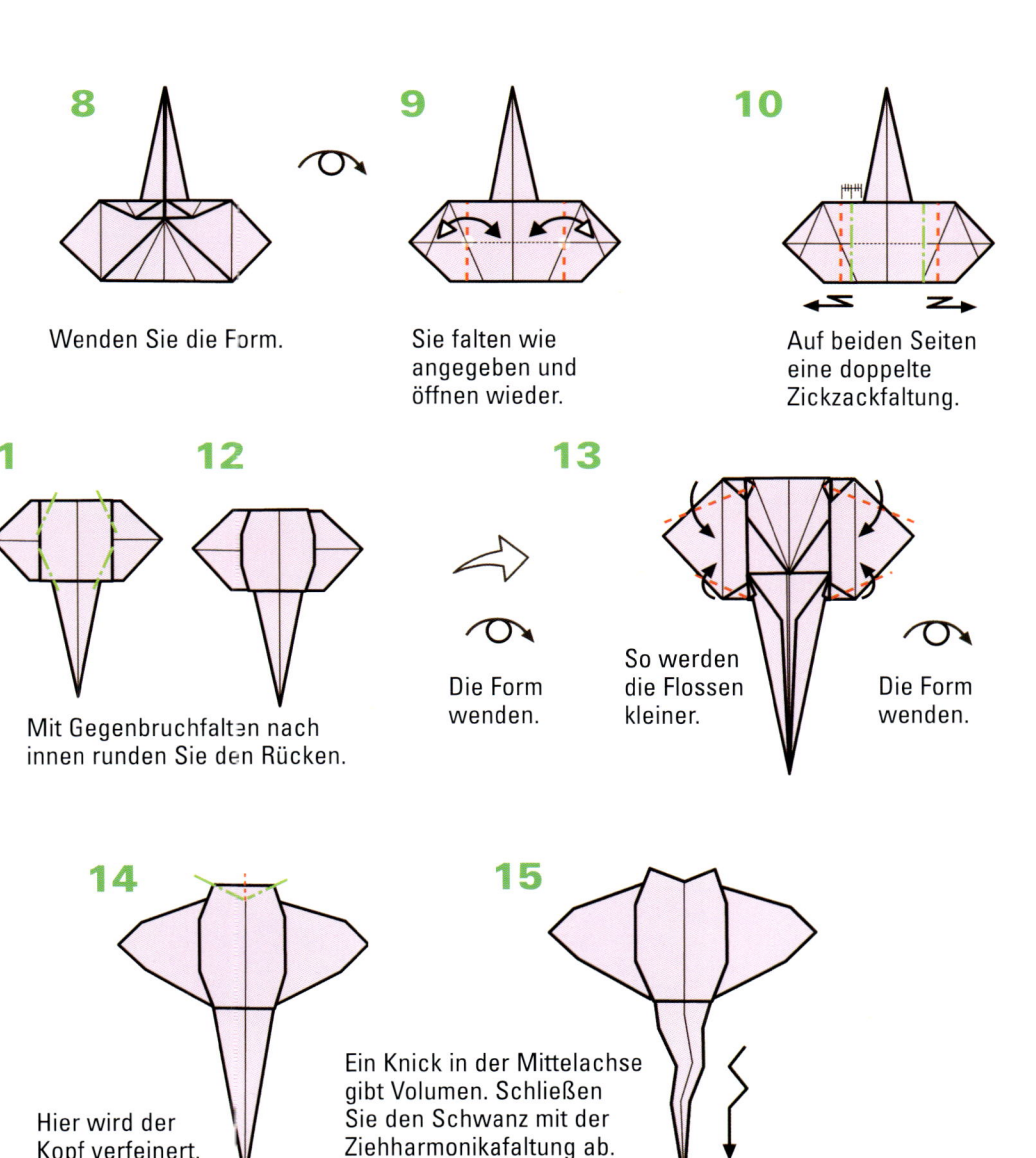

10 Auf beiden Seiten eine doppelte Zickzackfaltung.

11 12 Mit Gegenbruchfalten nach innen runden Sie den Rücken.

13 Die Form wenden. So werden die Flossen kleiner. Die Form wenden.

14 Hier wird der Kopf verfeinert.

15 Ein Knick in der Mittelachse gibt Volumen. Schließen Sie den Schwanz mit der Ziehharmonikafaltung ab.

113

Hai

Stufe ■■■□□

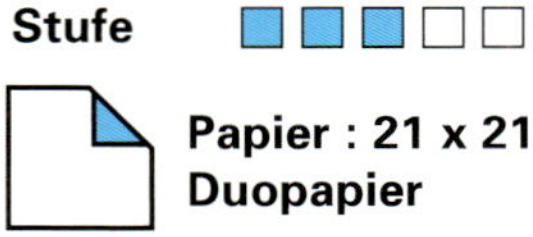

Papier : 21 x 21 cm und + Duopapier

1

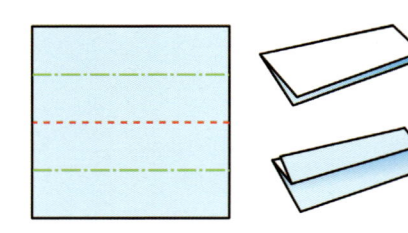

Führen Sie eine Ziehharmonikafaltung aus.

2

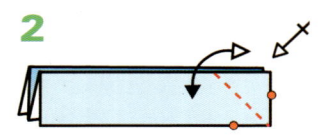

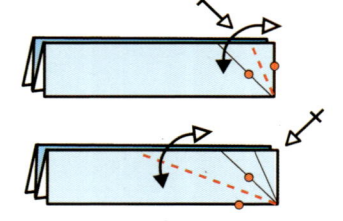

Falten Sie beide Hälften je dreimal und öffnen sie.

3

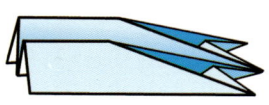

Sie ziehen mit Gegenbruchfalten nach innen in Form.

4 Eine doppelte Gegenbruchfalte nach innen.

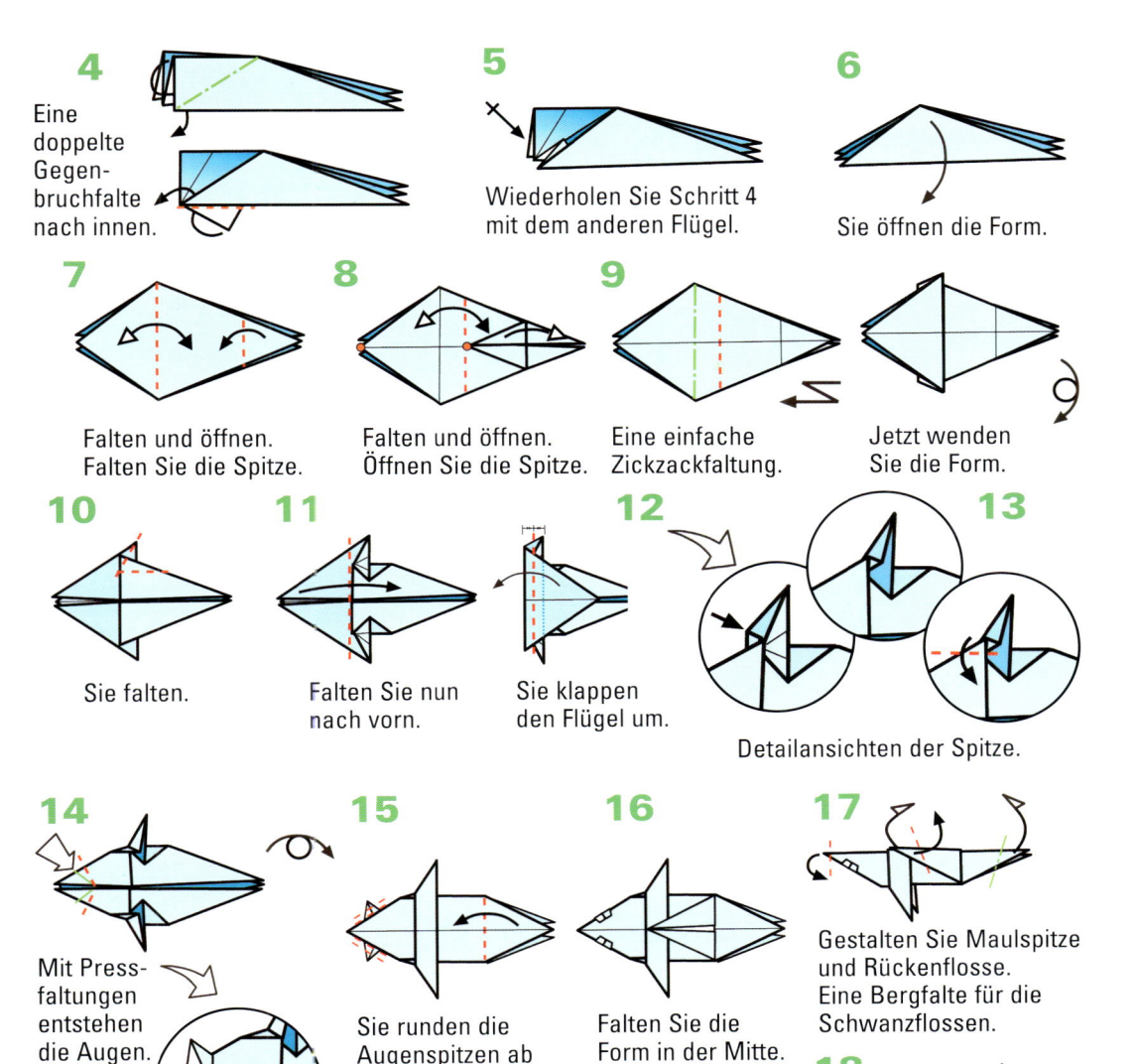

5 Wiederholen Sie Schritt 4 mit dem anderen Flügel.

6 Sie öffnen die Form.

7 Falten und öffnen. Falten Sie die Spitze.

8 Falten und öffnen. Öffnen Sie die Spitze.

9 Eine einfache Zickzackfaltung.

Jetzt wenden Sie die Form.

10 Sie falten.

11 Falten Sie nun nach vorn.

12 Sie klappen den Flügel um.

13 Detailansichten der Spitze.

14 Mit Pressfaltungen entstehen die Augen. Wenden.

15 Sie runden die Augenspitzen ab und klappen sie nach vorn auf den Kopf.

16 Falten Sie die Form in der Mitte.

17 Gestalten Sie Maulspitze und Rückenflosse. Eine Bergfalte für die Schwanzflossen.

18

115

Schmetterling

Stufe ■☐☐☐☐

**Papier : 15 x 15 cm und +
Duopapier**

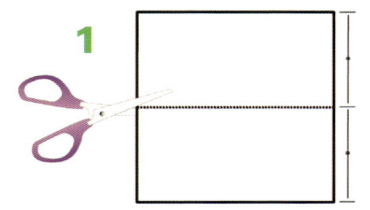

1

Schneiden Sie das Blatt durch.

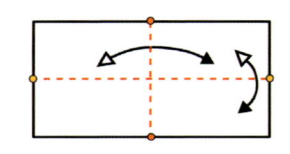

2

Falten und öffnen.

3

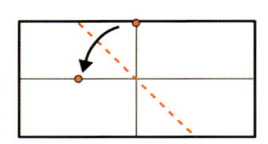

Falten Sie wie angegeben.

4

Falten Sie wie angegeben.

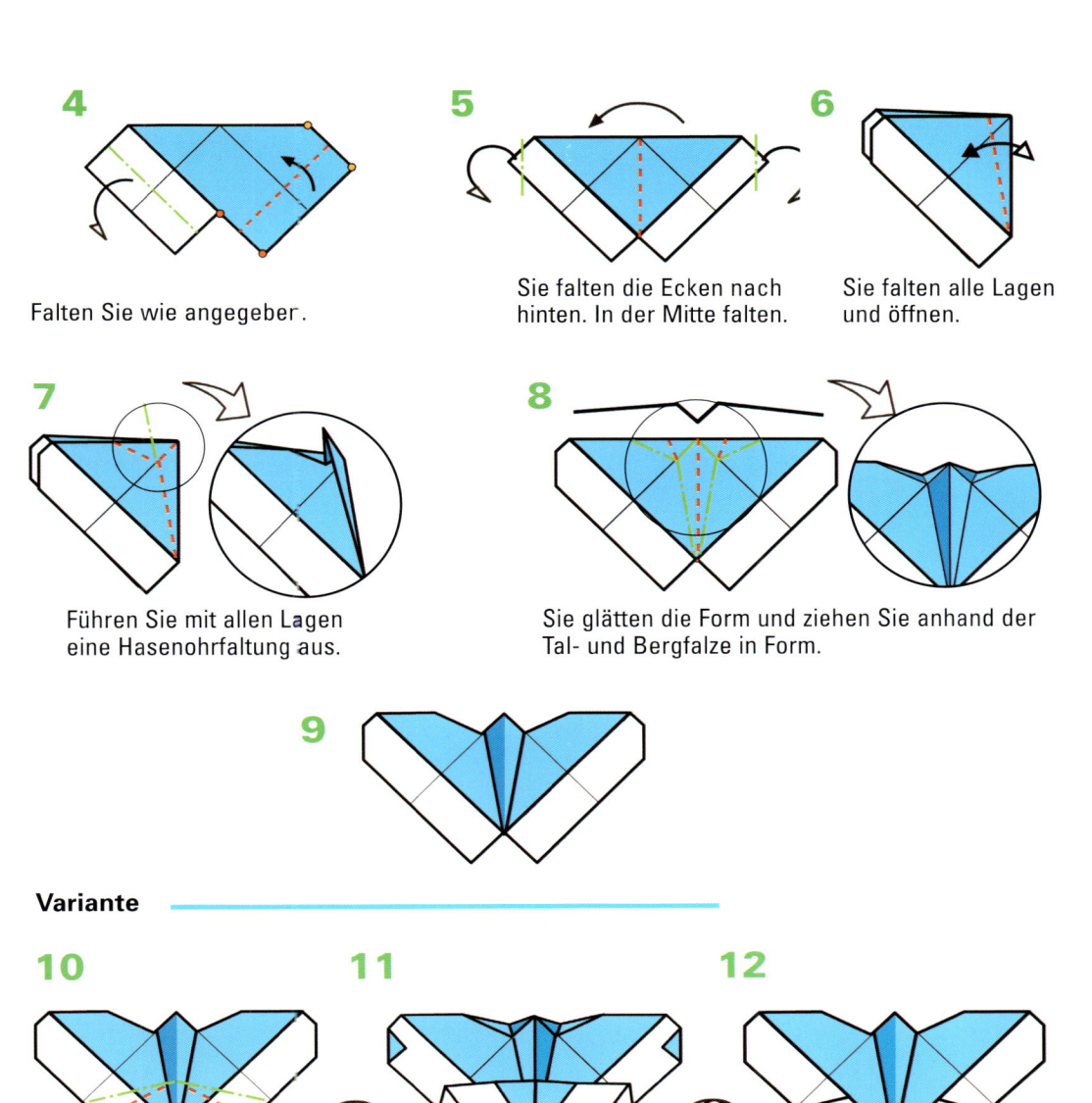

5

Sie falten die Ecken nach hinten. In der Mitte falten.

6

Sie falten alle Lagen und öffnen.

7

Führen Sie mit allen Lagen eine Hasenohrfaltung aus.

8

Sie glätten die Form und ziehen Sie anhand der Tal- und Bergfalze in Form.

9

Variante

10 **11** **12**

Gestalten Sie beide Flügel mit einer einfachen Zickzackfaltung.

Schmetterling

Stufe ■☐☐☐☐

Papier : 15 x 15 cm und + Duopapier

1 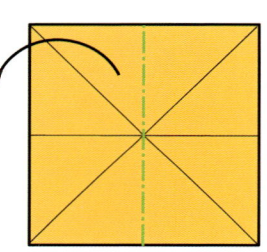 Sie falten in den Diagonalen und Mittellinien und öffnen. Falten Sie in der Mitte.

2 Die untere Partie falten.

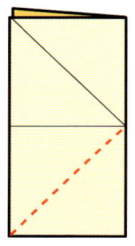

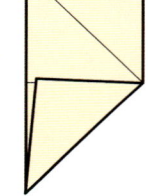

110

3

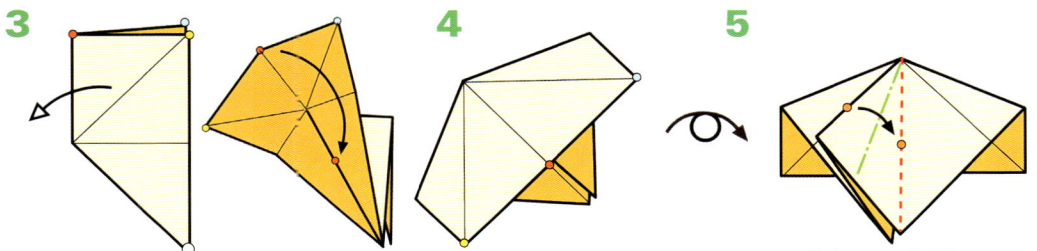

Sie öffnen die obere Hälfte und ziehen die Spitze nach unten. Wenden.

4

5

Falten und öffnen. Eine Pressfaltung.

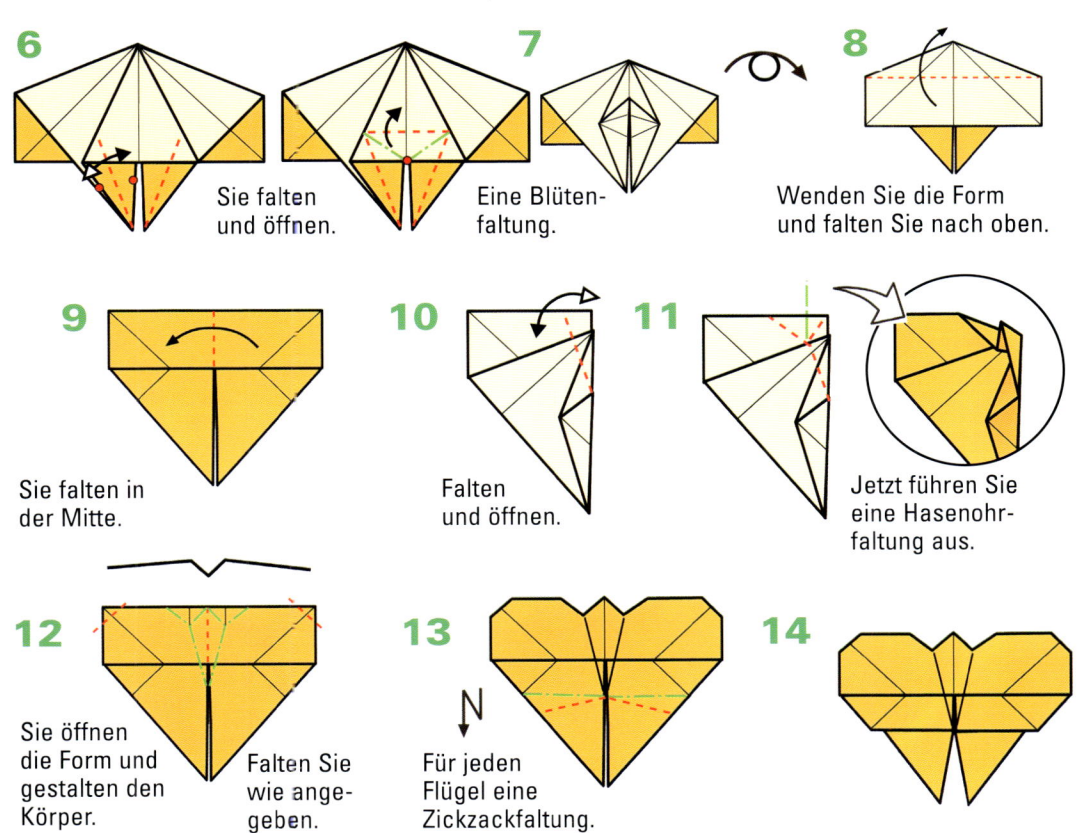

6

Sie falten und öffnen.

7

Eine Blütenfaltung.

8

Wenden Sie die Form und falten Sie nach oben.

9

Sie falten in der Mitte.

10

Falten und öffnen.

11

Jetzt führen Sie eine Hasenohrfaltung aus.

12

Sie öffnen die Form und gestalten den Körper.

Falten Sie wie angegeben.

13

Für jeden Flügel eine Zickzackfaltung.

14

119

Blume

Stufe ☐☐☐☐☐

Papier : 15 x 15 cm und + Duopapier

Blume 1

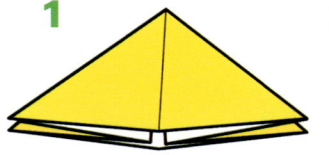

1 Erstellen Sie **Grundform 2 (Wasserbomben-Grundform)**.

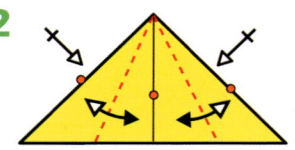

2 Sie falten zur Mitte und wiederholen dies mit der anderen Seite.

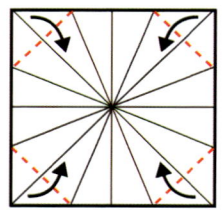

3 Öffnen Sie die Form und falten Sie die Ecken.

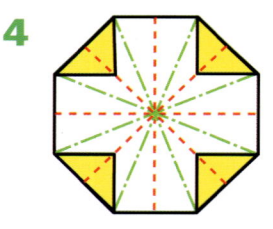

4 Ziehen Sie anhand der Falze in Form.

5 Sie falten alle Lagen und öffnen die Form in der Mitte.

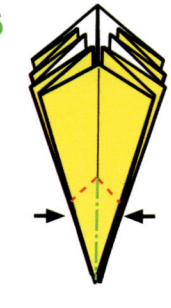

6 Ziehen Sie anhand der Falze in Form – die Blüte öffnet sich von selbst.

7

Blume 2

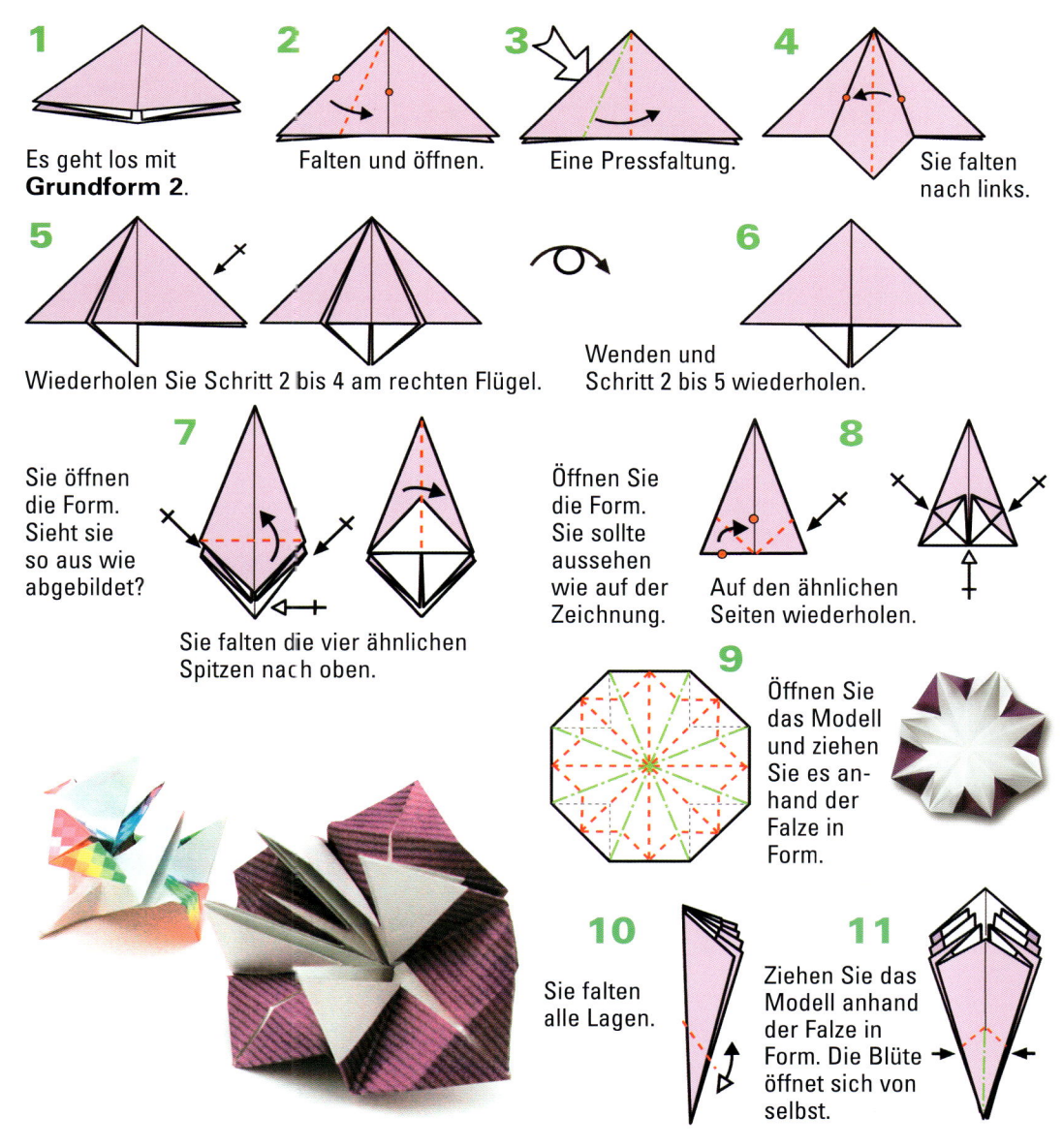

1 Es geht los mit **Grundform 2**.

2 Falten und öffnen.

3 Eine Pressfaltung.

4 Sie falten nach links.

5 Wiederholen Sie Schritt 2 bis 4 am rechten Flügel.

6 Wenden und Schritt 2 bis 5 wiederholen.

7 Sie öffnen die Form. Sieht sie so aus wie abgebildet? Sie falten die vier ähnlichen Spitzen nach oben.

Öffnen Sie die Form. Sie sollte aussehen wie auf der Zeichnung.

8 Auf den ähnlichen Seiten wiederholen.

9 Öffnen Sie das Modell und ziehen Sie es anhand der Falze in Form.

10 Sie falten alle Lagen.

11 Ziehen Sie das Modell anhand der Falze in Form. Die Blüte öffnet sich von selbst.

Iris

Stufe ■ ■ ■ ◻ ◻

Papier : 21 x 21 cm und +
Duopapier

Diese traditionelle Blume ist eine Fortsetzung der **Grundform 6 (Froschform)**. Hat man erst einmal die Grundform erstellt, ist die Iris fast schon fertig.

1

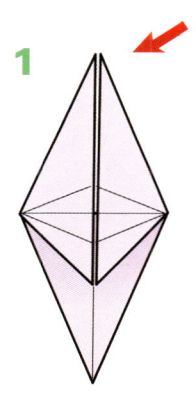

Fertigen Sie **Grundform 6 (Froschform)** an. Für die Iris sollen die offenen Spitzen nach oben weisen.

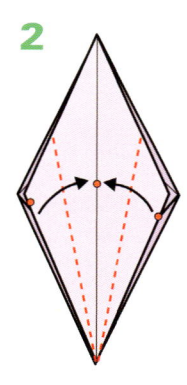

2

Sie falten die oberste Lage wie angegeben ...

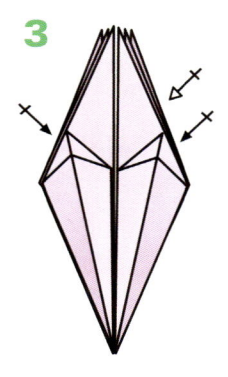

3

... und wiederholen dann den Schritt an den drei anderen Seiten.

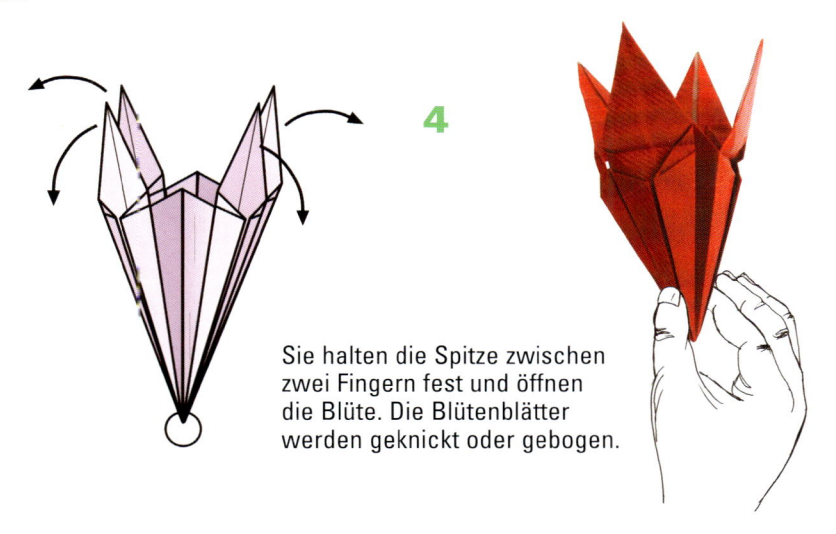

4

Sie halten die Spitze zwischen zwei Fingern fest und öffnen die Blüte. Die Blütenblätter werden geknickt oder gebogen.

Tütchen

Stufe ■ □ □ □ □

Papier : 15 x 15 cm und +
Uni- oder Duopapier

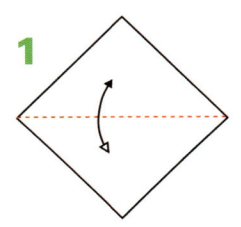

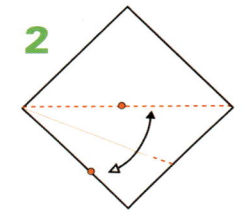

1
Falten und öffnen.

2
Falten und öffnen.
In der Mitte falten.

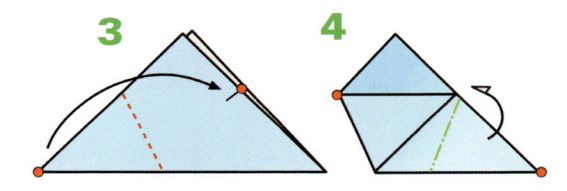

3
Sie falten eine Spitze auf den Anhaltspunkt und verfahren gleichermaßen mit der anderen Spitze in umgekehrter Richtung.

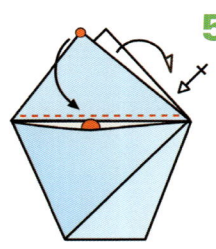

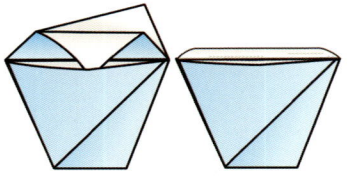

4

5
Falten Sie die Ecken nach unten und stecken Sie sie in die Taschen.

6
Das Tütchen dient als Grundlage für die Fingerpuppen (ab S. 126).

Becher

Stufe ☐ ☐ ☐ ☐ ☐

Papier : 15 x 15 cm und +
Uni- oder Duopapier

1 Gehen Sie wie beim ¯ütchen vor, ohne aber die Ecken in die Taschen zu stecken.

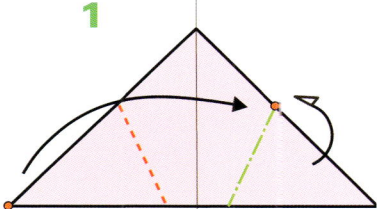

2

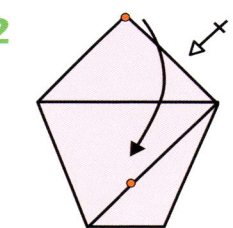

3 Sie falten auf Vorder- und Rückseite.

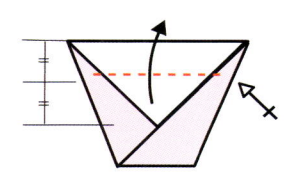

4 Falten Sie auf Vorder- und Rückseite.

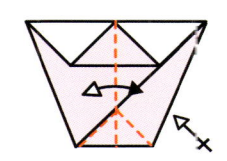

5 Sie schieben die Hand in den Becher und geben ihm damit Volumen.

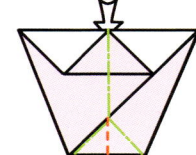

6 So entsteht die Standfläche.

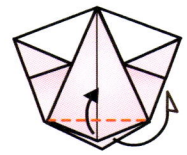

7

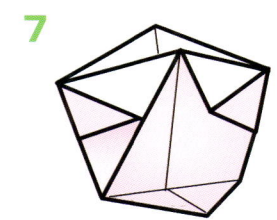

Fingerkatze

Stufe ■☐☐☐☐

**Papier : 8 x 8 cm
Duopapier**

Sie beginnen mit dem Tütchen (siehe S. 124). Lassen Sie eine Ecke stehen. Diese falten Sie nach hinten.

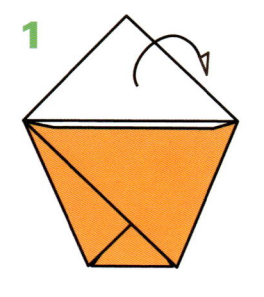

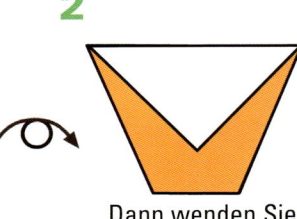

1

2

Dann wenden Sie die Form.

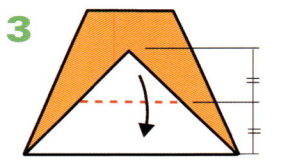

3

Sie falten nach unten ...

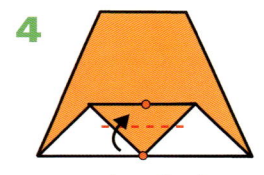

4

... und nach oben.

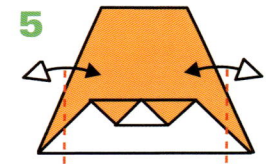

5

Falten und öffnen.

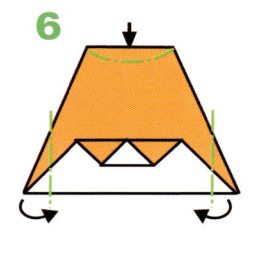

6

Um die Kopfspitze für die Ohren einzudrücken, schieben Sie einen Finger in die Katze. Mit zwei Gegenbruchfalten nach innen wird der Kopf schlanker.

7

Fingerhund

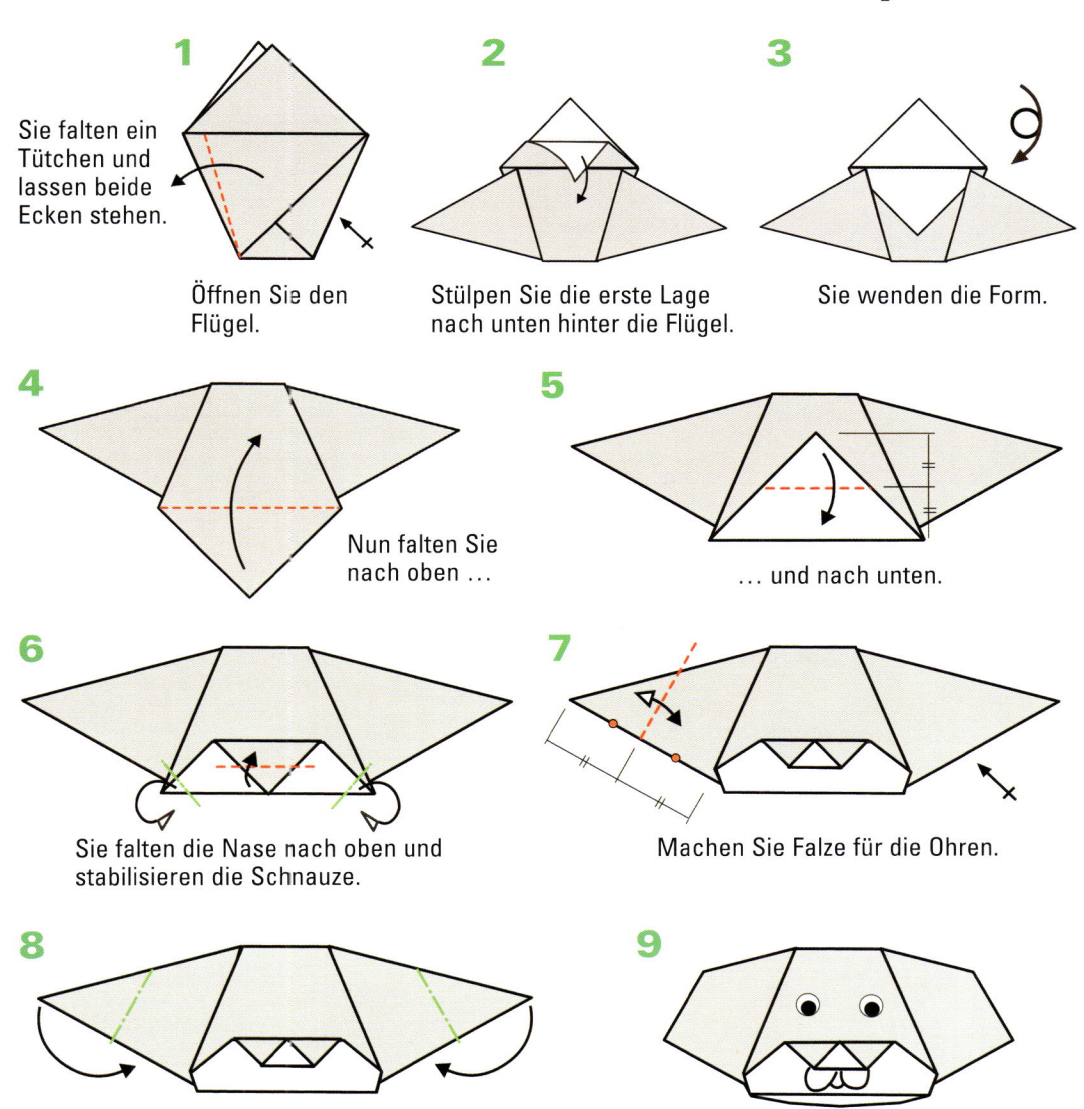

1 Sie falten ein Tütchen und lassen beide Ecken stehen.
Öffnen Sie den Flügel.

2 Stülpen Sie die erste Lage nach unten hinter die Flügel.

3 Sie wenden die Form.

4 Nun falten Sie nach oben …

5 … und nach unten.

6 Sie falten die Nase nach oben und stabilisieren die Schnauze.

7 Machen Sie Falze für die Ohren.

8 Eine Gegenbruchfalte nach innen für die Hundeohren.

9

Fingerküken

Stufe ☑ ☐ ☐ ☐ ☐

Papier : 8 x 8 cm
Duopapier

1 Zuerst fertigen Sie ein Tütchen an und lassen eine Ecke stehen.

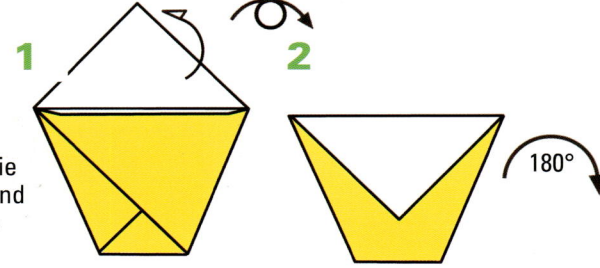

2 Falten Sie die Ecke nach hinten. Drehen.

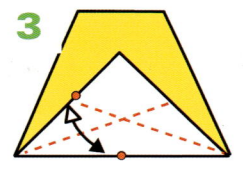

3 Falten und öffnen.

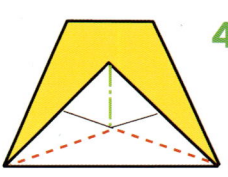

4 Mit einer Hasenohrfaltung entsteht der Schnabel. Ziehen Sie ihn mit zwei Fingern in Form.

5 Mit Gegenbruchfalten nach innen wird der Kopf schlanker.

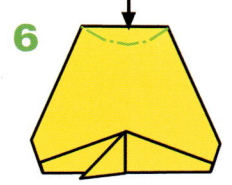

6 Um die Kopfspitze einzudrücken, schieben Sie einen Finger in das Küken. Öffnen Sie den Flügel mit einer Pressfaltung für den Schnabel.

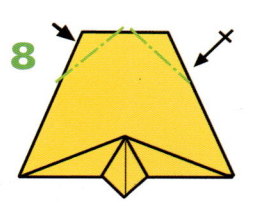

7

8 Sie runden die Kopfspitze mit Stülpfaltungen ab.

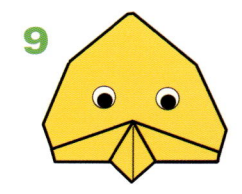

9

Fingereule

Zunächst falten Sie das Tütchen und lassen beide Ecken stehen.

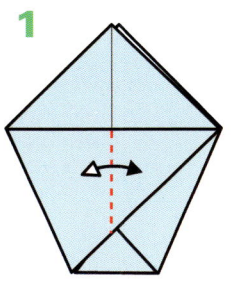

1 Falten und öffnen.

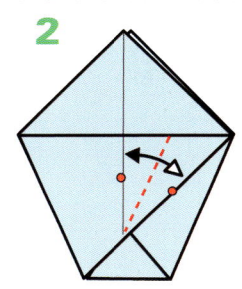

2 Falten und öffnen.

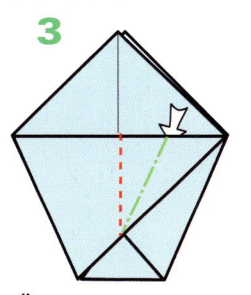

3 Öffnen Sie mit einer Pressfaltung.

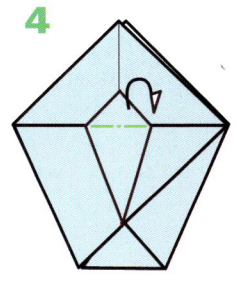

4 Zum Stabilisieren stecken Sie die Ecke in die Tasche dahinter.

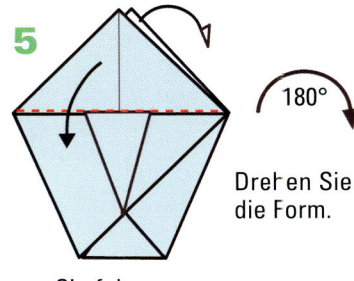

5 Sie falten vorn und hinten.

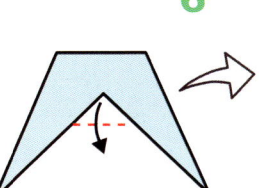

180° Drehen Sie die Form.

6 Sie falten nach unten und gestalten mit zwei Fingern den Schnabel wie bei Schritt 4 des Kükens.

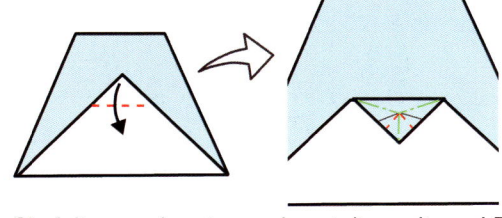

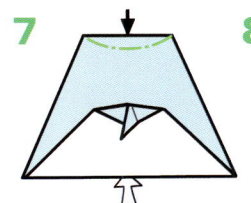

7 Um die Kopfspitze für die Ohren einzudrücken, schieben Sie einen Finger in die Figur.

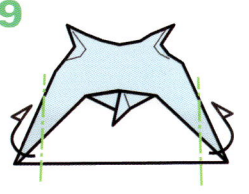

8

9 Die Bergfalten deuten Flügelchen an.

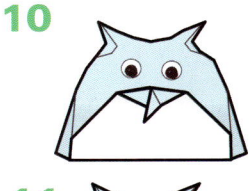

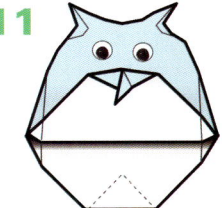

10

11 Eine der Ecken von Schritt 5 können Sie auch in Schwanzfedern verwandeln.

Wichtel

Stufe ☐☐☐☐☐

**Papier : 15 x 15 cm und +
Duopapier**

1

Sie falten in der Mitte und öffnen wieder.

Wenden Sie die Form.

2

Falten Sie die oberen Ecken zur Mitte.

Die Form wenden.

3

Falten und öffnen.

4

Sie falten die Kanten zur Mitte.

5

Falten und öffnen.

6

7

Ziehen Sie die Figur anhand der Berg- und Talfalze in Form.

8

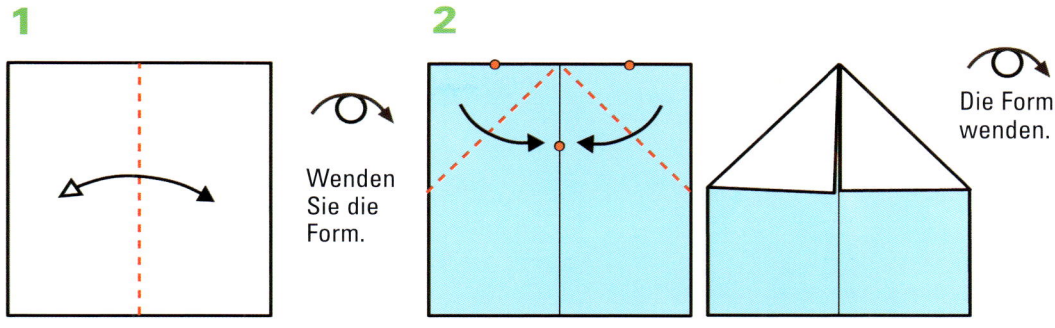

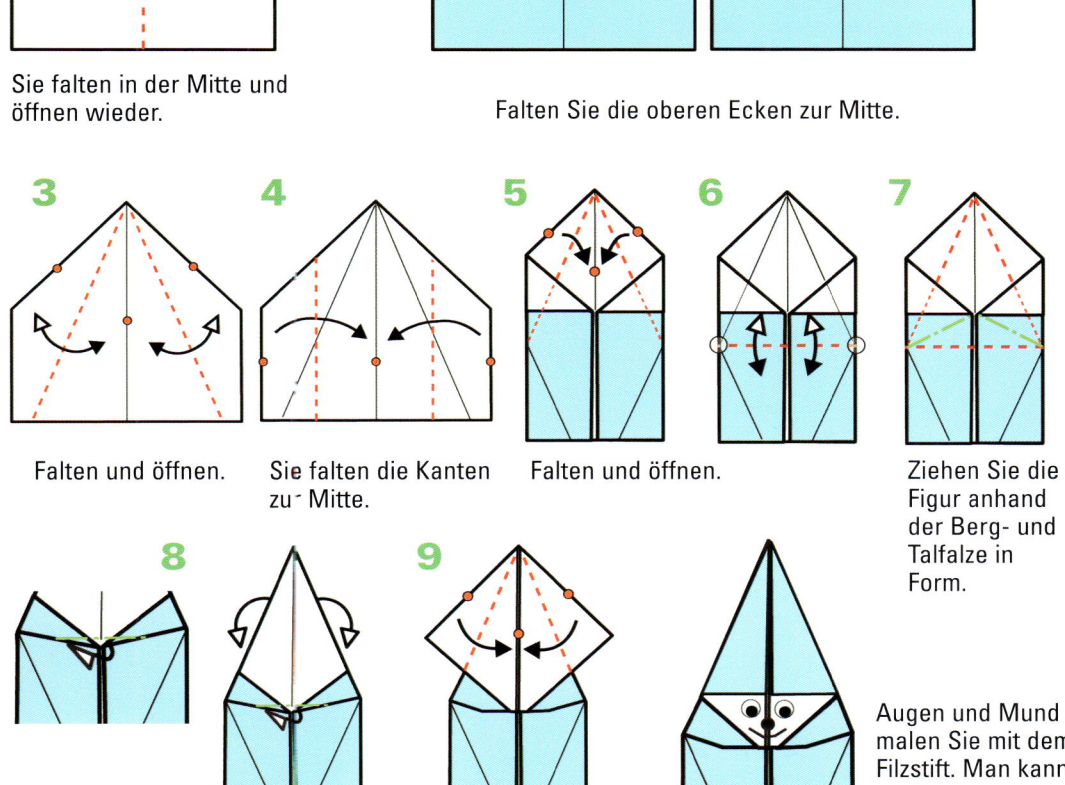

Sie verkürzen das Kinn und öffnen die Flügel.

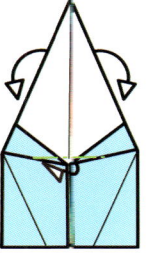

9

Falten Sie zur Mitte.

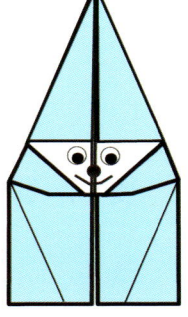

Augen und Mund malen Sie mit dem Filzstift. Man kann auch Klebepunkte verwenden.

Gespenst

Stufe ■■☐☐☐

**Papier : 15 x 15 cm und +
Unipapier**

Gespenst 1

1

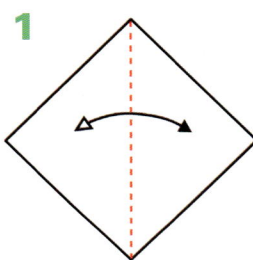

In der Diagonalen falten und öffnen.

2

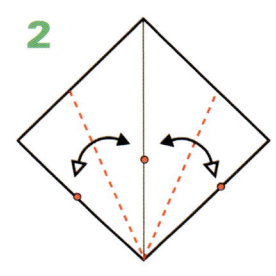

Falten Sie die Kanten zur Mitte und öffnen Sie.

3

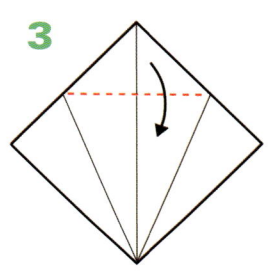

Sie falten nach unten.

4 Falten Sie zur Mitte.

5 Sie öffnen beide Ecken, wobei die Mittelecke als Anhaltspunkt dient.

6 Falten Sie nach oben.

7 Sie falten alle Lagen und öffnen.

8 Falten und öffnen.

9 Falten und öffnen.

10 Nach unten falten.

11 Ziehen Sie den Kopf in Form.

12 Nun falten Sie nach hinten.

13 Hier erhält das Gespenst Volumen.

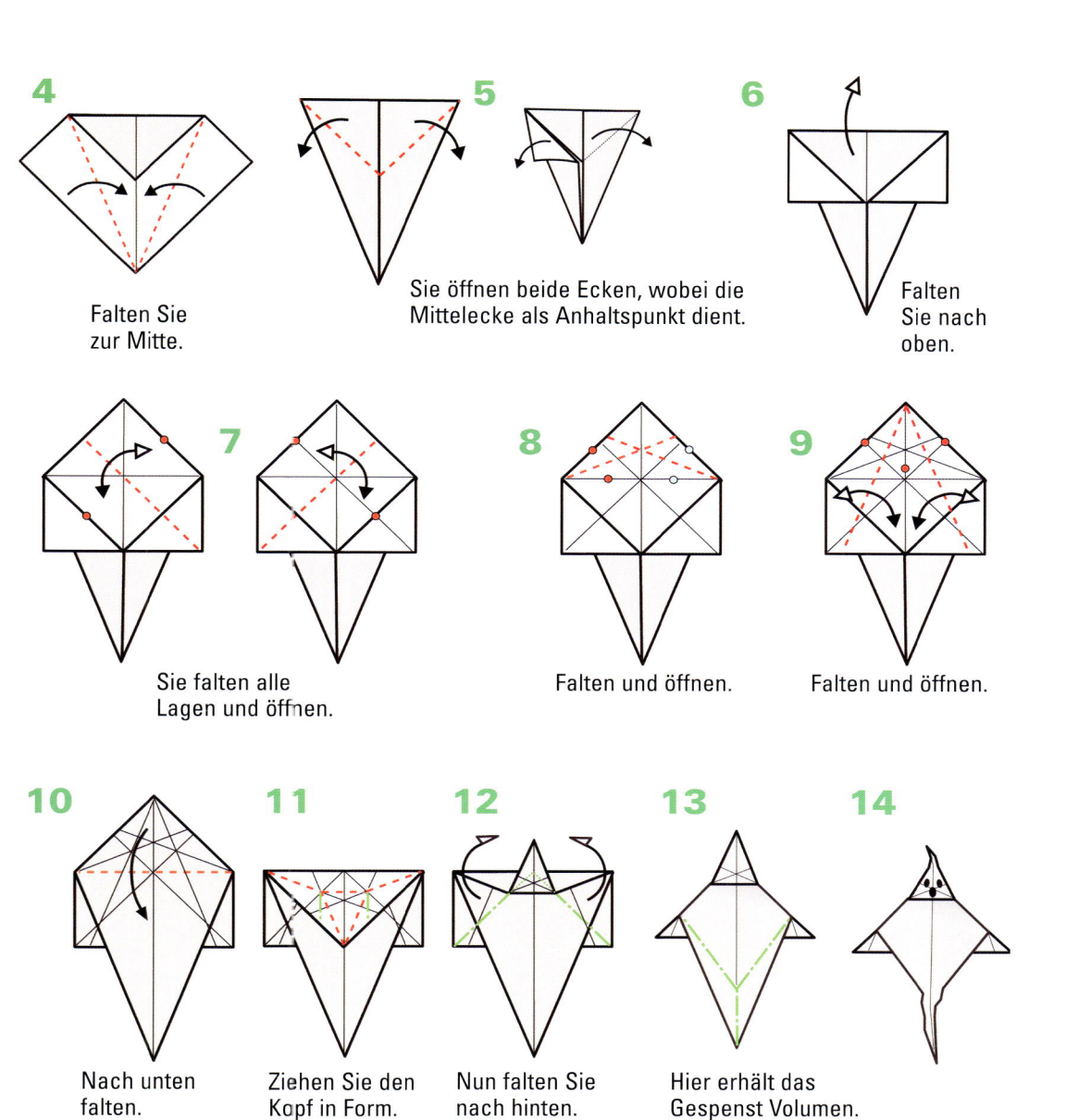

14

Gespenst

Stufe ■■■□□

Gespenst 2

Papier : 21 x 21 cm und +
Unipapier

1 Grund form 2 (WasserbombenGrund form).

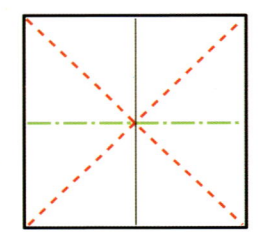

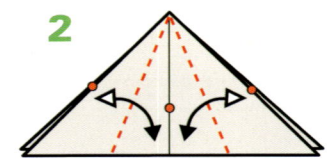

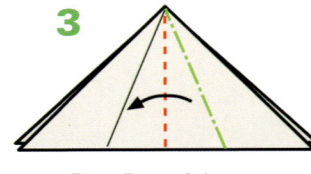

2 Falten und öffnen.

3 Eine Pressfaltung.

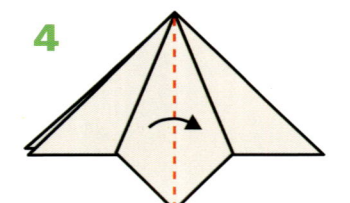

4 Sie falten nach rechts.

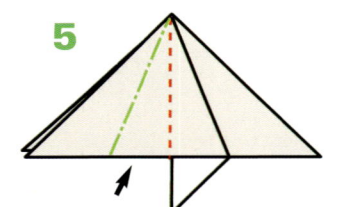

5 Wiederholen Sie Schritt 3 und 4 auf der linken Seite.

6 Wenden Sie die Form.

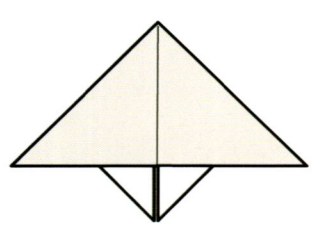

7 Wiederholen Sie Schritt 2 bis 5.

8 Falten und öffnen.

9 Sie falten am Falz nach oben.

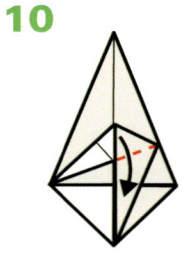

10 Falten Sie die Spitze nach unten.

11 Sie stecken den Flügel in die Tasche.

12 Eine Hasenohrfaltung.

13 Sie falten nach links.

14 Wiederholen Sie Schritt 8 bis 12 links.

15 Die Form wenden. Wiederholen Sie Schritt 8 bis 14.

16 Falten Sie die Spitze anhand der Falze.

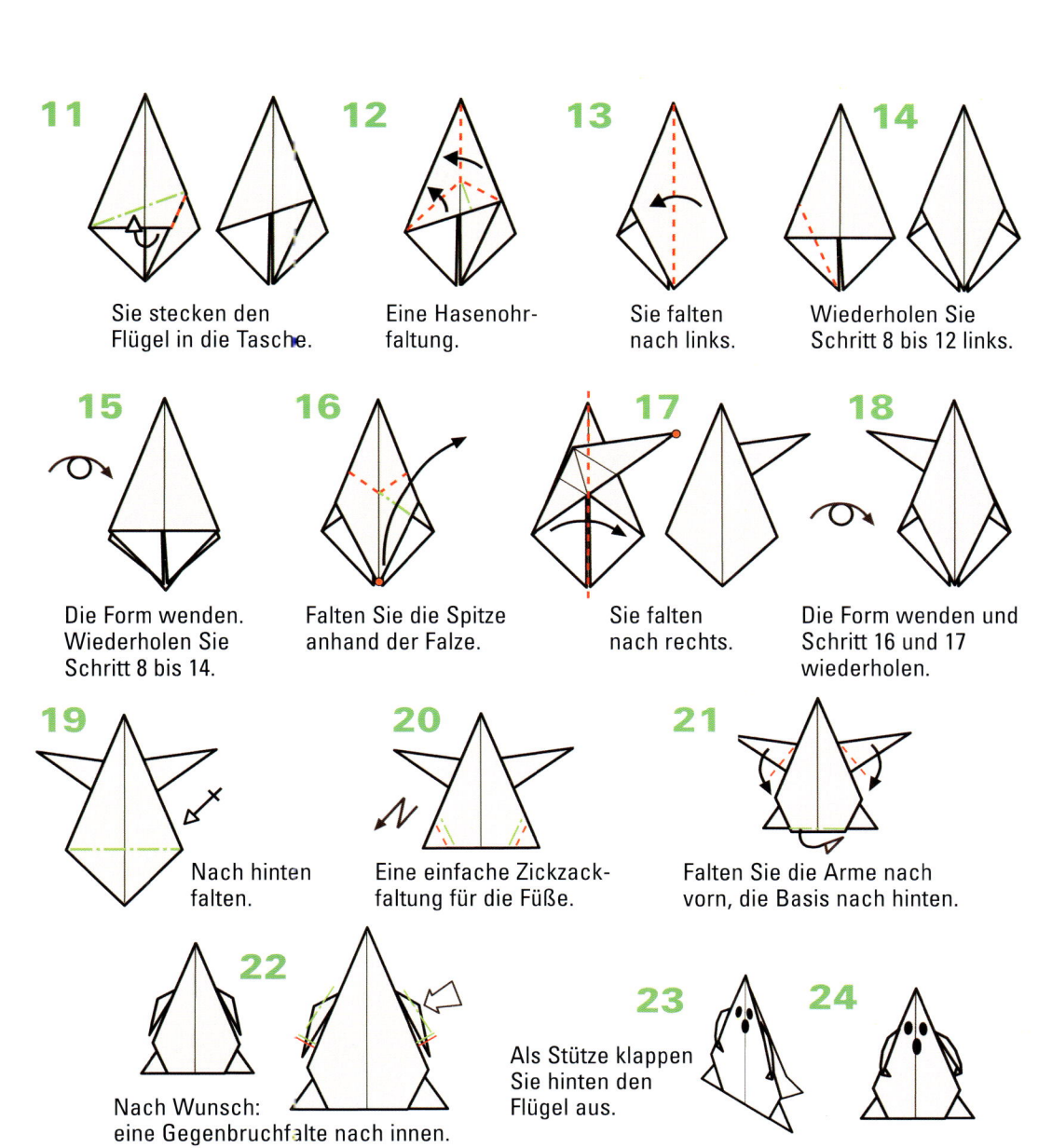

17 Sie falten nach rechts.

18 Die Form wenden und Schritt 16 und 17 wiederholen.

19 Nach hinten falten.

20 Eine einfache Zickzackfaltung für die Füße.

21 Falten Sie die Arme nach vorn, die Basis nach hinten.

22 Nach Wunsch: eine Gegenbruchfalte nach innen.

23 Als Stütze klappen Sie hinten den Flügel aus.

24

135

Vogel

Stufe ■ □ □ □ □

**Papier : 15 x 15 cm und +
Unipapier**

Der Vogel gehört zu den beliebtesten Origamimodellen. Dennoch weiß kaum einer, wie man ihn faltet.

1 Grundform 5 (Mühlenform).

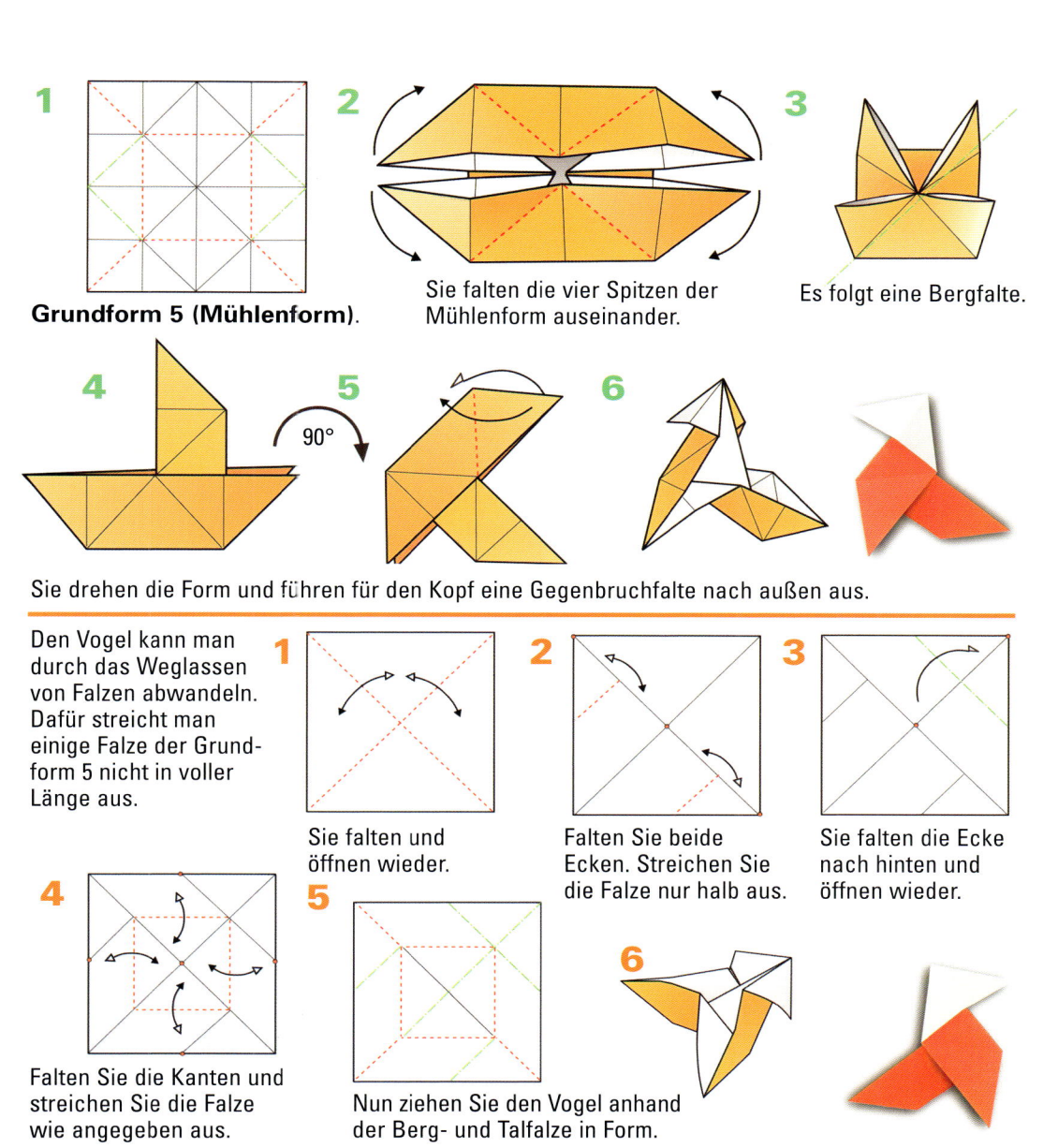

2 Sie falten die vier Spitzen der Mühlenform auseinander.

3 Es folgt eine Bergfalte.

4

5 90°

6

Sie drehen die Form und führen für den Kopf eine Gegenbruchfalte nach außen aus.

Den Vogel kann man durch das Weglassen von Falzen abwandeln. Dafür streicht man einige Falze der Grundform 5 nicht in voller Länge aus.

1 Sie falten und öffnen wieder.

2 Falten Sie beide Ecken. Streichen Sie die Falze nur halb aus.

3 Sie falten die Ecke nach hinten und öffnen wieder.

4 Falten Sie die Kanten und streichen Sie die Falze wie angegeben aus.

5 Nun ziehen Sie den Vogel anhand der Berg- und Talfalze in Form.

6

Wasserbombe

Stufe ☐ ☐ ☐ ☐ ☐

**Papier : 15 x 15 cm und +
Unipapier**

Die Wasserbombe ist ein Klassiker für Faltkünstler – und für Spaßvögel.

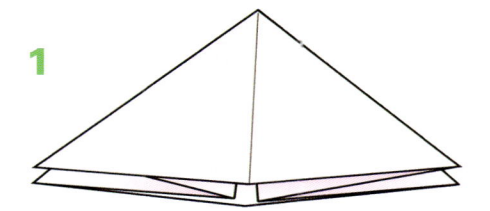

1 Es geht natürlich mit **Grundform 2 (Wasserbomben-Grundform)** los.

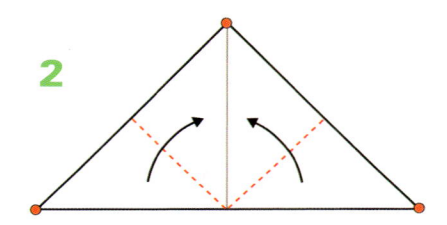

2 Sie falten die Spitzen nach oben.

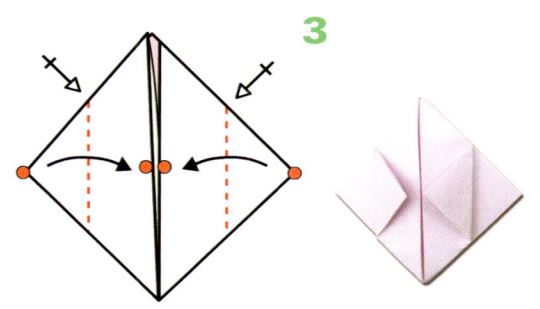

3 Die erste Lage der Ecken falten Sie zur Mitte. Wenden Sie die Form und wiederholen Sie den Schritt mit der Rückseite.

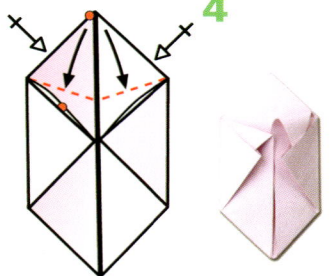

4 Stecken Sie die Spitzen wie angegeben in die dreieckigen Taschen und wiederholen Sie den Schritt mit der Rückseite.

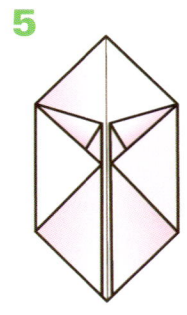

5

6 Nun blasen Sie die Wasserbombe noch auf und füllen Sie mit Wasser!

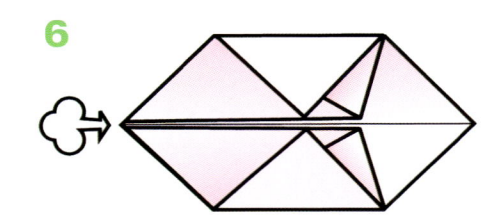

Flugzeug

Stufe ☐☐☐☐☐

Papier : 21 x 21 cm und +
Uni- oder Duopapier

1

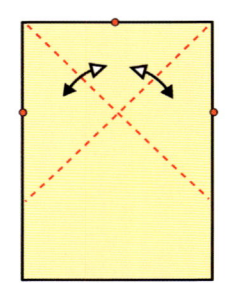

Sie falten und
öffnen wieder.

2

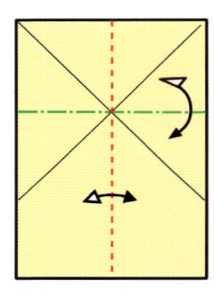

Falten und erneut
öffnen.

3

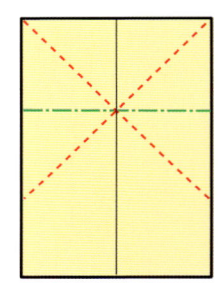

Sie ziehen die
Figur in Form …

140

4 … und so sieht sie aus.

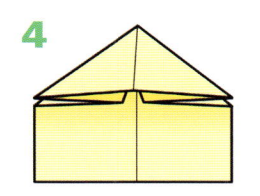

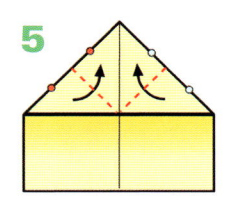

5 Sie falten im rechten Winkel nach oben.

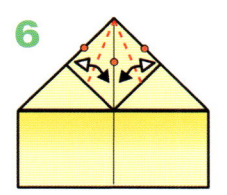

6 Falten Sie die erste Lage und öffnen Sie.

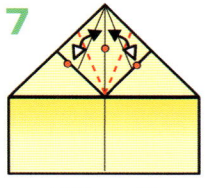

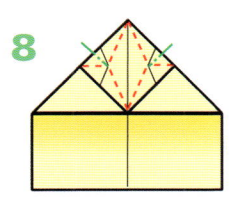

7

8 Sie führen eine Hasenohrfaltung aus.

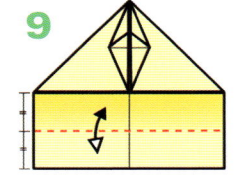

9 Nach oben falten und öffnen.

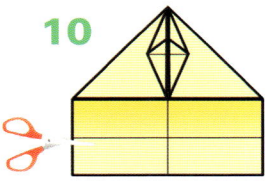

10 Schneiden. Der Streifen wird die Heckflosse.

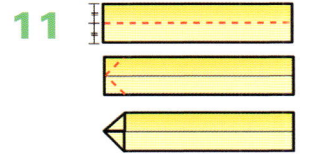

11 Den Streifen falten und öffnen. Gestalten Sie seine Spitze.

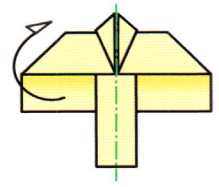

12 Stecken Sie ihn bis zur Spitze in das Flugzeug.

13 Falten Sie nach hinten.

14 Sie falten die Form in der Mitte.

15 Klappen Sie die Flügel herab.

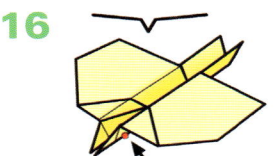

16 Zum Werfen halten Sie das Flugzeug am roten Punkt.

Wenn Sie die Flügel mit leichter Neigung anheben, verbessern sich die Flugeigenschaften.

Flieger

Stufe ■ □ □ □ □

Papier: 21 x 21 cm und > Duopapier

Je mehr Sorgfalt Sie auf das Falten und die Symmetrie verwenden, desto besser sind die Flugeigenschaften dieses traditionellen Fliegers!

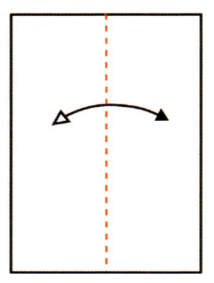

1 In der Mitte falten und öffnen.

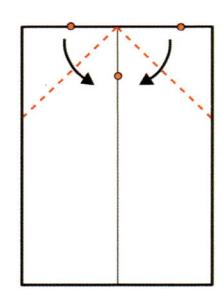

2 Sie falten die oberen Kanten zur Mitte.

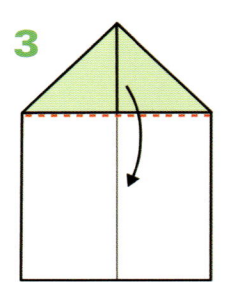

3 Falten Sie die Ecke nach unten.

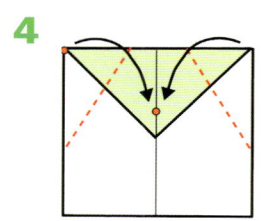

4 Falten Sie auf den roten Punkt.

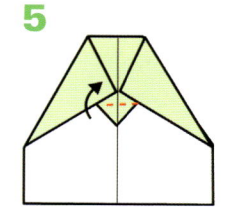

5 Sie falten die Ecke nach oben.

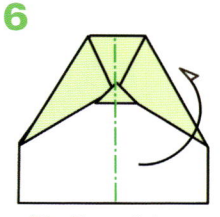

6 Die Form falten und drehen.

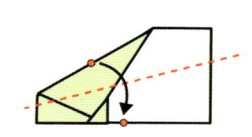

7 Falten Sie nach unten, sodass die roten Punkte aufeinandertreffen.

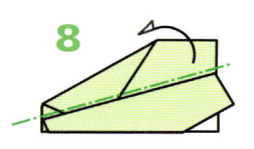

8 Sie wiederholen dies mit dem anderen Flügel.

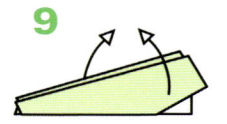

9 Jetzt öffnen Sie die Flügel.

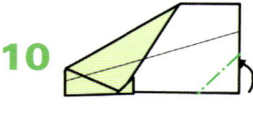

10 Eine kleine Gegenbruchfalte nach innen befähigt den Flieger zu Loopings.

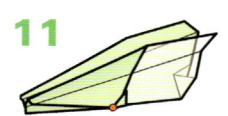

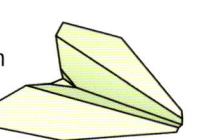

11

Variante

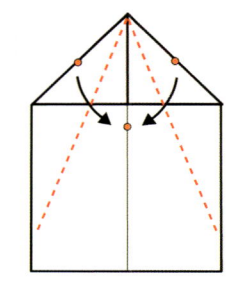

Führen Sie Schritt 1 und 2 aus und falten Sie zur Mitte.

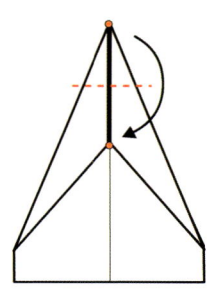

Sie falten auf halber Höhe …

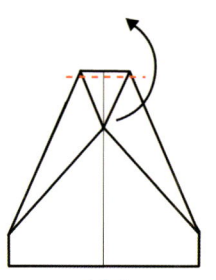

… und falten wieder nach oben.

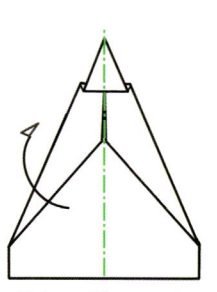

Falten Sie nun in der Mitte.

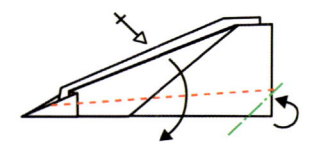

Sie falten die Flügel. Es folgt eine Gegenbruchfalte nach innen.

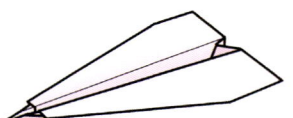

Falten Sie die Flügelränder im rechten Winkel – das trägt zur Stabilisierung bei.

143

Segelboot

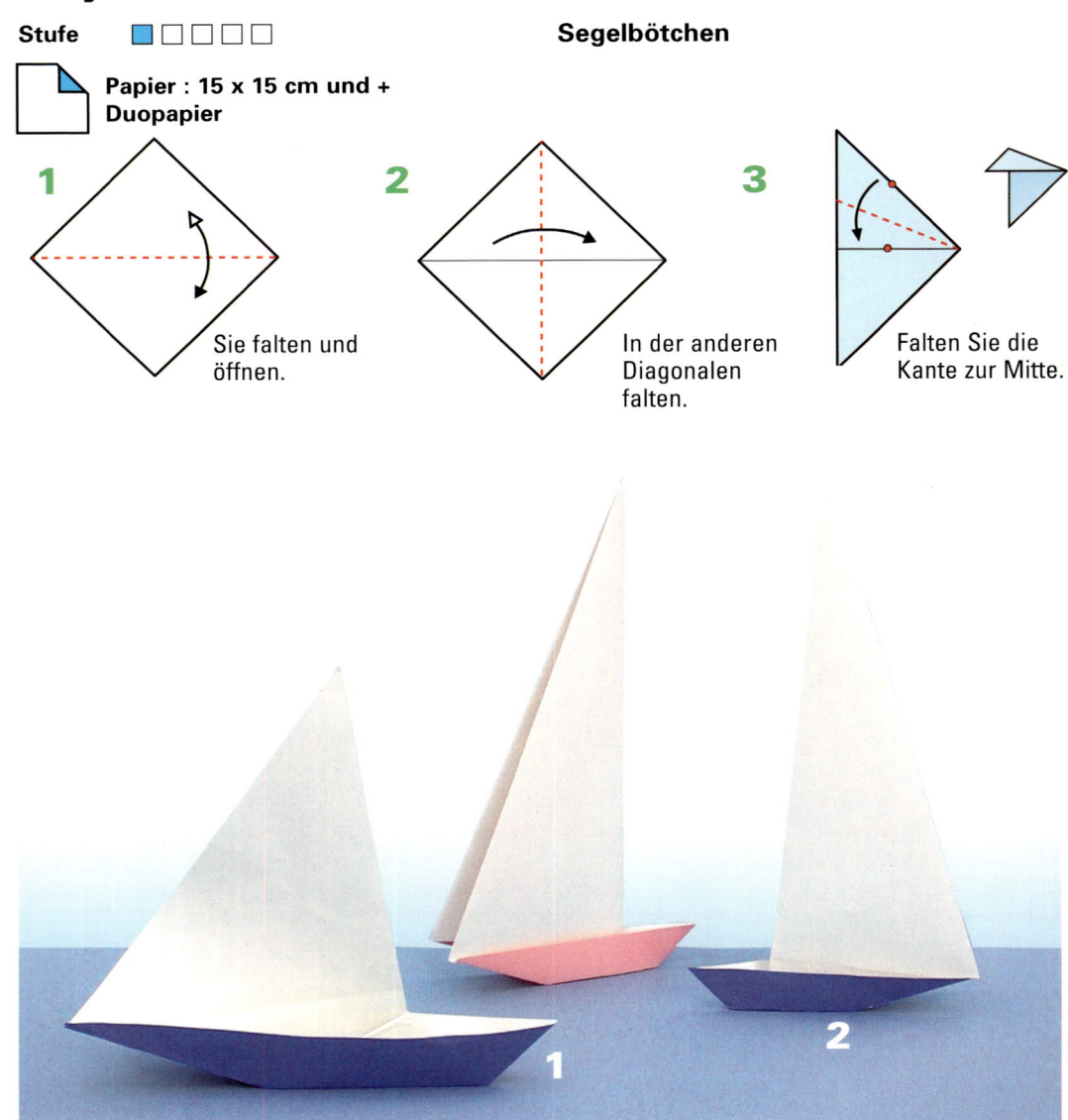

Stufe ■□□□□

Segelbötchen

Papier : 15 x 15 cm und + Duopapier

1

Sie falten und öffnen.

2

In der anderen Diagonalen falten.

3

Falten Sie die Kante zur Mitte.

4

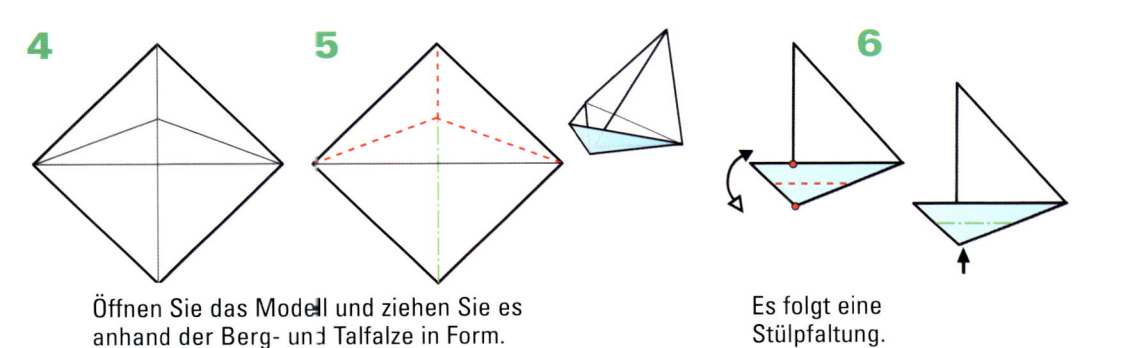

Öffnen Sie das Modell und ziehen Sie es anhand der Berg- und Talfalze in Form.

5

6

Es folgt eine Stülpfaltung.

Großes Segelboot

1

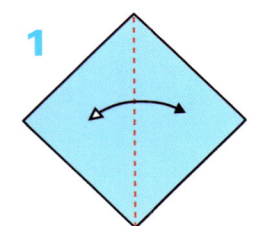

In der Diagonalen falten und öffnen.

2

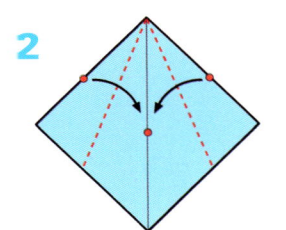

Falten Sie beide Kanten zur Mitte.

3

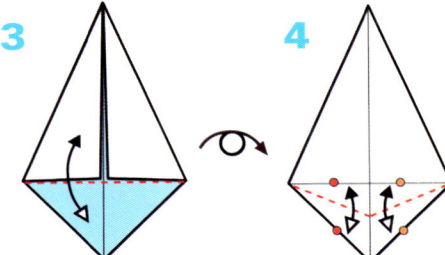

Sie falten die Spitze nach oben und öffnen. Wenden.

4

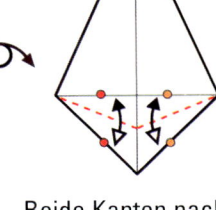

Beide Kanten nach oben falten und öffnen.

5

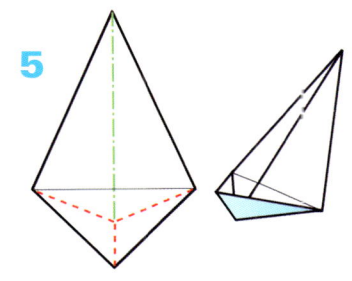

Anhand der Berg- und Talfalze in Form ziehen.

6

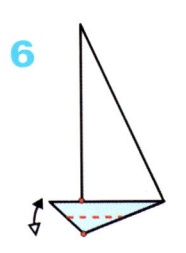

Auf halber Rumpfhöhe falten und öffnen.

7

Abschließend eine Stülpfaltung.

Detail der Stülpfaltung

145

Schlepper

Stufe ■☐☐☐☐

Papier : 15 x 15 cm und +
Unipapier

1 **Grundform 5
(Mühlenform).**

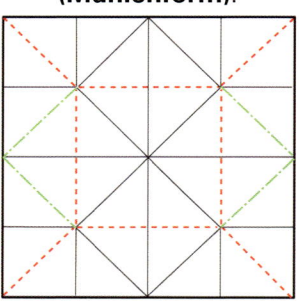

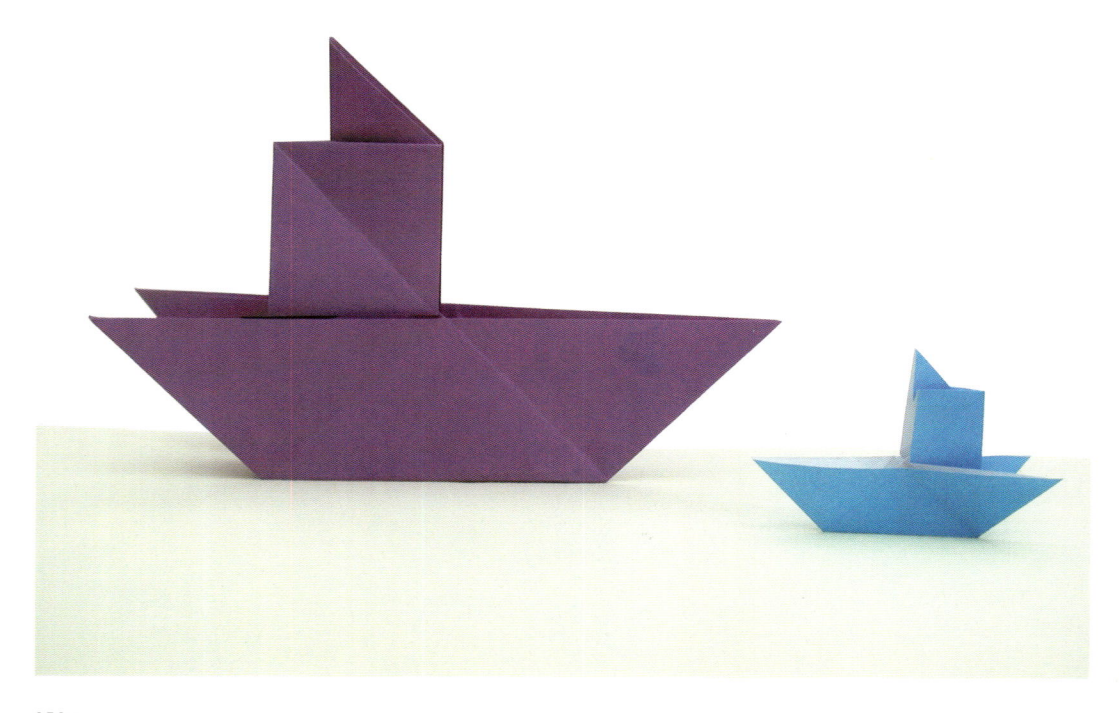

146

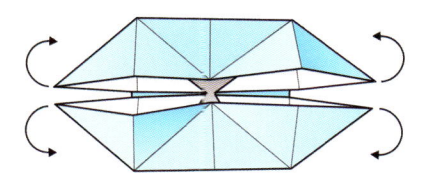

2 Führen Sie die vier Spitzen von **Grundform 5 (Mühlenform)** zur Mitte.

3 Es folgt eine Bergfalte.

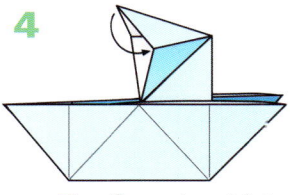

4 Eine Gegenbruchfalte nach innen …

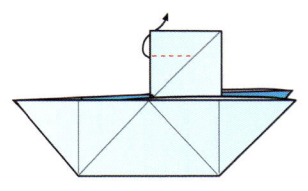

5 … und eine zweite für den Schornstein.

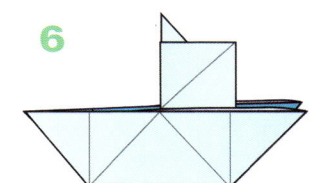

6

Den Schlepper können Sie abwandeln, indem Sie einige Falze der Grundform 5 nicht in voller Länge ausstreichen.

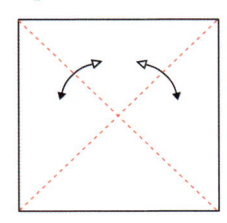

1 Sie falten in den Diagonalen und öffnen.

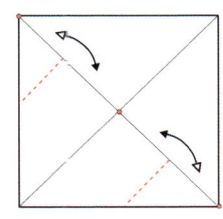

2 Falten Sie beide Ecken, aber streichen Sie die Falze nur halb aus. Dann öffnen Sie.

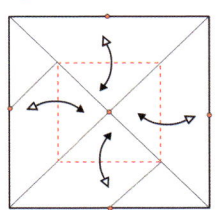

3 Sie falten die Kanten und streichen die Falze wie angegeben aus. Öffnen Sie.

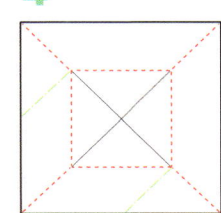

4 Anhand der Berg- und Talfalze in Form ziehen.

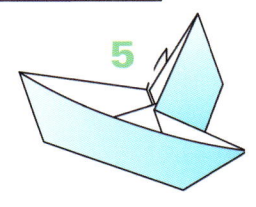

5

147

Fischerboot

Stufe ■ □ □ □ □

Papier : 15 x 15 cm und + Duopapier

1

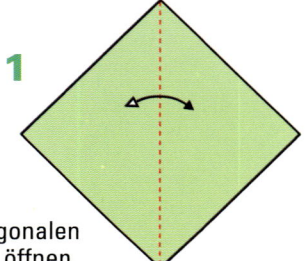

In der Diagonalen falten und öffnen.

2

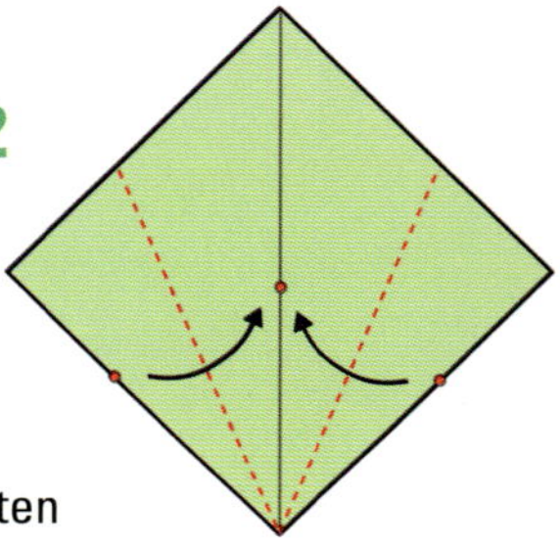

Sie falten beide Kanten zur Mitte.

3 Sie falten und öffnen.

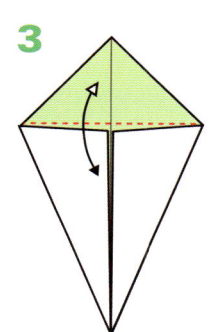

4 Falten Sie und öffnen Sie erneut.

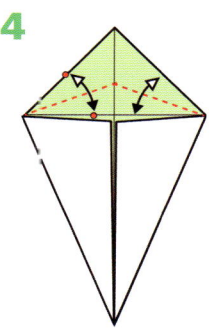

5 Mit Bergfalten bringen Sie die Form in die Spitze.

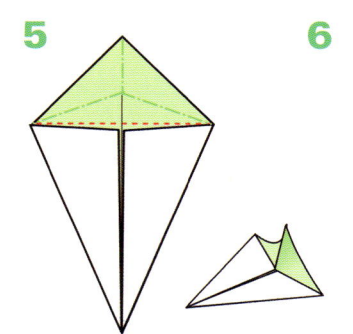

6 Nach hinten falten.

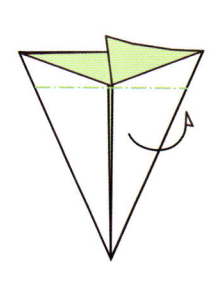

7 Sie falten in der Mitte.

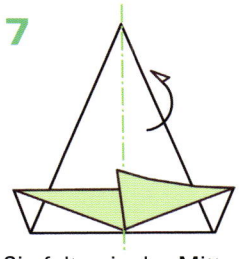

8 Eine Gegenbruchfalte nach innen ...

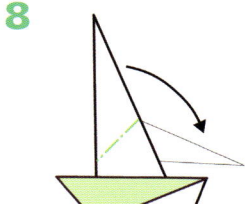

9 ... eine weitere ...

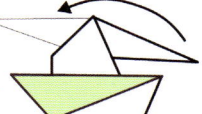

10 ... und noch eine.

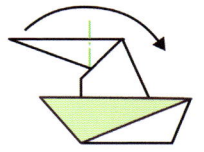

11

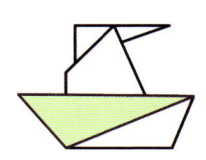

Das rote Boot ist eine Variante. Führen Sie Schritt 1 bis 8 aus.

9

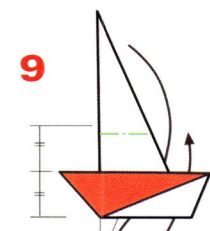

10  Falten Sie wie angegeben und öffnen Sie, um eine doppelte Gegenbruchfalte nach innen auszuführen.

149

Großes Schiff

Stufe ■ ☐ ☐ ☐ ☐

Papier : 15 x 15 cm und +
Duopapier

1

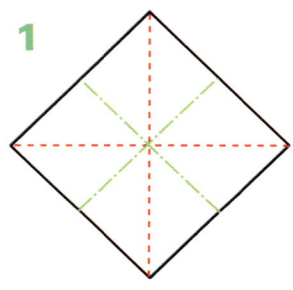

Sie beginnen jedes Schiff mit **Grundform 1**.

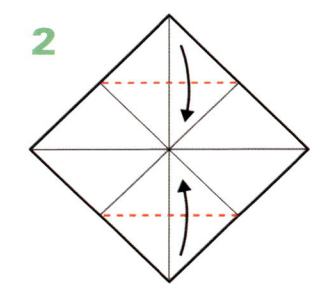

2

Sie falten beide Ecken zur Mitte.

Anhand dieser Grundform entstehen Windjammer und Dampfer.

150

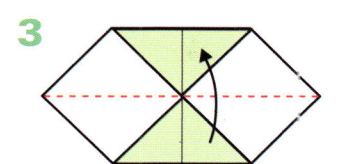

3 Sie falten in der Mitte und drehen.

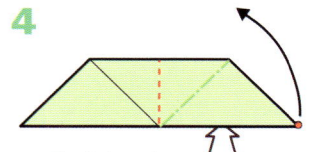

4 Es folgt eine Pressfaltung.

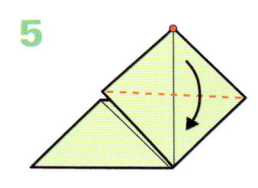

5 Nach unten falten ...

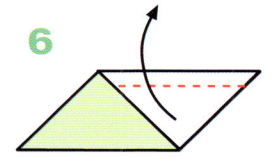

6 ... und wieder nach oben.

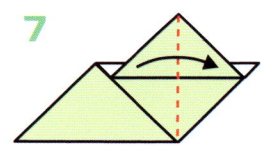

7 Falten Sie nach rechts.

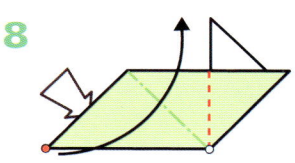

8 Nun eine Pressfaltung.

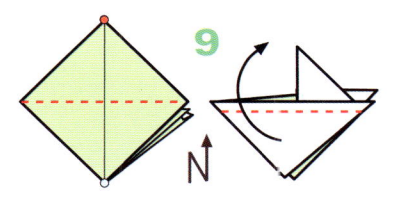

9 Eine Zickzackfaltung.

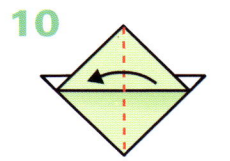

10 Sie falten nach links.

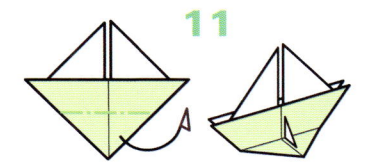

11 So entsteht der Kiel.

Variante

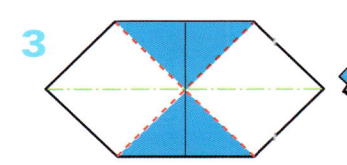

3 Ziehen Sie die Figur in Form.

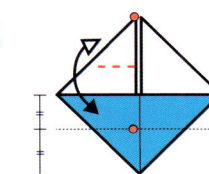

4 Falten und öffnen.

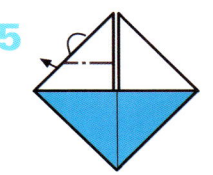

5 Eine doppelte Gegenbruchfalte nach innen.

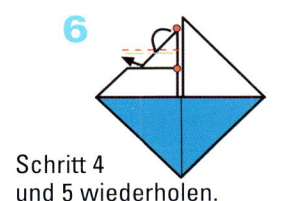

6 Schritt 4 und 5 wiederholen.

7 Vier doppelte Gegenbruchfalten nach innen.

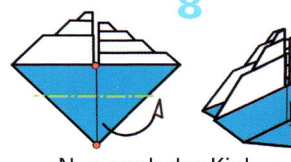

8 Nun noch der Kiel.